「未知」への挑戦

幸福の科学大学が拓く新しい夢

HSU

福井幸男
Yukio Fukui

まえがき

人間は元来、知的好奇心の塊《かたまり》と言われています。その好奇心で自然界に生起する現象を探究して理解できたならば、それは知的好奇心を満たし、個人としての幸福＝「私的幸福」を生むことができます。そして、理解した現象から本質を抽出し、抽象化して原理とし、それを応用して物を作り出して世の中の利便性を高めたならば、それは社会全体の幸福＝「公的幸福」の完成につながるでしょう。

タレス、ピタゴラス、アルキメデスらの古代ギリシャの時代から、ひときわ好奇心の強い天才たちの努力によって、自然科学は発展してきました。そして近代科学の祖、ニュートンによるニュートン力学の確立によって、物理学は完成されたと長らく認められてきました。

しかし20世紀に入ると、相対性理論や、量子力学、素粒子論、超弦理論等、次々と新しい概念が登場して、今、物理学の最先端では、物質の根源を解明する研究が、理論と実験の両面から活発に行われています。

最近では、直径10キロメートルほどの円形加速器の実験施設によってヒッグス粒子（注）がついに発見されました。それでも宇宙創造の解明には、まだはるかに道は遠いようです。

私は、幸福の科学グループ創始者である大川隆法総裁の説かれる仏法真理を長年学んでまいりました。その結果、宇宙を構成するのは物質世界だけではなく、あの世の世界、霊界（実在界）と言われる存在が厳としてあり、多次元宇宙となっていることを知っております。しかし、現代の科学には、霊界の存在を認め、それを探究するという、この視点が欠けています。言い換えれば、この世と霊界との関係を探究することで、神の創造された宇宙の神秘が、少しずつそのベールを脱ぎ、やがて真実の世界が明らかになっていく、ということになるでしょう。

自然科学から近代科学への歩みのなかで、新しい発見が人類の夢と未来を拓《ひら》いていったように、未知の部分、科学のフロンティアを科学的に解明し、応用研究を行うのも大学の使命の一つだと理解しており、本書は、このための基礎として、これまで考えたことや研究を振り返り、まとめて紹介するものです。

これまで諸聖賢が歴史に遺《のこ》してくれた学問的叡智と、大川総裁が示される霊界に関する知見や未来科学の方向性を元手に、新しく設立されようとしている幸福※の科学大学において、研究・教育を展開することで、宇宙時代の到来を見据えた新文明が創造されていく道が拓かれることを固く信じています。

２０１４年10月2日

幸福の科学大学学長（就任予定）　福井幸男

（注）物質に質量を与えるとされる素粒子。「ゴッドパーティクル」（神の素粒子）とも呼ば

※幸福の科学大学（仮称）は、設置認可申請中のため、構想内容は変更の可能性があります。

れる。

「未知」への挑戦　目次

※文中、特に著者名を銘記していない書籍については、原則、大川隆法著となります。

第1章

幸福の科学大学が拓く新しい夢

他の大学にはない、幸福の科学大学で行う教育の大きな価値

私は、「情報工学」が専門分野ですが、これまで勤めていた筑波大学では、国際総合学類（注1）という文系の学科に相当するところで、情報や環境工学という理系の学問を教えてきました。つまり、文系と理系の両方を教える珍しい教育環境の経験をしてきました。幸福の科学大学の学長に就任（予定）するに当たり、今度は、文系・理系の視点に、宗教性を加えた三つの視点を備えて、これまで以上に複眼的・立体的な奥行のある教育が実現できることに、大変喜びを感じているとともに、期待を持っていることがあるのです。

それは、本当の意味で、バランスの取れた人格教育ができる、ということです。ご存知の通り、幸福の科学が母体となっている本学は、宗教性というものをとても大切にしています。

本学の「建学の精神」には、「幸福の探究」と「新文明の創造」の二つを掲げておりますが、前者の「幸福の探究」には、教育の理想でもある人間完成を支える心の幸福・精神の探究も含むものです。

よく、人間の精神活動として感性・悟性・理性という三つが言われますが（注2）、幸福の科学教学では、「感性・知性・理性・悟性の大きな四つの精神作用がある」（『悟りに到る道』132ページ）と考えています。

学問中心の教育であれば、知性・理性は磨けても、感性や悟性までは十分カバーできないでしょう（もちろん、芸術系の大学では、感性の教育は専門領域ですが）。しかし、宗教大学の強みとして、授業だけでなく、宗教心を尊ぶ校風を生かした学生生活全般を通して、人間の情操にかかわる感性や、悟りにかかわる悟性も含めての教育が可能です。

しかも、人間の心や精神については、約30年にわたって幸福の科学で積み重ねてきた研究の蓄積がベースにありますので、ほかでは到底真似することのできない全人教育が、実現できることでしょう。ここに私は、幸福の科学大学の持つ、他の大学にはない大きな価値の一つがある、と考えるのです。

世界に通用する「第一級の人材」を輩出したい、という強い願い

これは、第二次大戦後、臨済宗の禅僧がアメリカのある大学に招かれ、「無門《むもん》関《かん》」の講話と質疑応答を行ったときの話なのですが、七十余歳とは思えない切れ味で的確に答える老師の姿に、聴講していた学生たちが深い感銘を受けたと言います。ある学生は、この老師に、講義の感想を次のように伝えます。

「自分たちは、戦時中の日本兵が非道な人たちであるかのような風評を聞かされてきたが、あなたを見てそうは思えない。身をもって真理に生きる人が今ここにいる。これこそ、アメリカ人も日本人も超えた人間の本当の姿だと痛感した」

つまり、素晴らしい人格というものは、肌の色、言語、民族、国の違いを超え

て伝わる、別の意味でのグローバル性がある、ということだと思います。

優れた人格形成について、もう一つ加えておきたいことがあります。それは、大川隆法・幸福の科学グループ創始者兼総裁の、次のお言葉に表れていると思います。

幸福の科学学園では、「ノーブレス・オブリージ（高貴なる義務）」という少し難しい言葉も使っています。つまり、「周りからエリートとして認められるような人には、高貴なる義務が伴うのだ。やはり、人間は自分のためだけに生きてはいけない。世の多くの人たちから尊敬され、認められれば認められるほど、世の中のために尽くさなければならないのだ」ということを教えています。

これは、古い言葉で言えば、日本の武士道精神かもしれませんし、ヨーロッパ的に言えば、騎士道精神かもしれません。いずれにせよ、「日本のために、世界のために、何かをお返ししていこう」と思う人たちをつくっていきたいと願っているのです。

（『教育の使命』51-52ページ）

幸福の科学学園は、栃木と滋賀に開校している中学校・高等学校です。両校は、「高貴なる義務」を教育の大切な指針にしており、ここから勉学に優れているだけでなく、責任感を持った立派な生徒たちが育っています。本学もそれに倣《なら》い、「高貴なる義務」という精神を常に念頭に置くことで、学問の面だけではなく、人間としても第一級の、世界に通用する国際人材が輩出できる、と確信しているのです。

各学部名に込められた教育目的・目標――学問の限界への挑戦

幸福の科学大学では、「人間幸福学部」「経営成功学部」「未来産業学部」という3学部をつくる予定です。これは、他の大学では見られないユニークな学部名だと思います。大川総裁は、このネーミングに込められた意味について、次のように話されています。

今、幸福の科学大学が立てている建学の初期の目標のなかに、「人間幸福学部」「経営成功学部」「未来産業学部」といったものを書いていますけれども、聞いたことがない学部ばかりですよね。（中略）

今までにないものとは何であるかといえば、目標として、国家を成長させる戦略を内に秘めた学問を研究する大学をつくることが大事なのではないかと思うのです。（中略）

これは目標であり、目的であるからこそ、これから進化していくものでもあります。

（『究極の国家成長戦略としての「幸福の科学大学の挑戦」』20-22ページ）

つまり、学部名のなかに、教育の目的・目標が込められているわけです。これを私なりに言い換えるならば、「まだ答えが出ていない分野」に、積極的に答えを出していく、あるいは、現在の学問の限界に挑戦するという気概を表している、ということになります。

本格的「幸福学」研究の実現

たとえば、仏教やキリスト教、イスラム教をはじめ、宗教には、世界三大宗教から、一つの国や民族に密着した民族宗教まで、多種多様なものが存在します。特に世界宗教には、1000年、2000年、あるいはそれ以上の年月を経て構築されてきた神学《しんがく》と言われる学問体系があります（仏教では教学あるいは宗学《しゅうがく》とも言われる）。しかしながら、その知識から、「今起こっている宗教紛争を解決するにはどうしたらいいか」などの、世界が直面している重要な現代的問題について、答えが出せないでいます。

「人間幸福学部」では、哲学や宗教学を中心とした、人間の幸福に関する過去の学問の蓄積を十分に踏まえつつ、人間と社会のあるべき姿を探究・構想し、幸福で理想的な社会の実現を目指します。こうした理想に向けて、「幸福」にかかわるあらゆるものを多角的に探究し、人間の真の幸福とは何かを学問的に明らかにしていきます。

今、「幸福学」は、一つのブームになっており、最先端の学問と言われているようですが（注3）、本学が本格的に「幸福学」についての学問研究を進めていけば、必ず世界中から優秀な学生たちが集まってくると確信しています。

成功という概念を取り入れた「経営学」の研究

「経営成功学部」では、「経営を成功させるためにはどうしたらいいのか」という問題意識のもとに、研究・教育を進めます。

経営成功学部は、「経営」に加えて「成功」という名称を付加しています。なぜ経営学部ではなく、経営成功学部なのでしょうか。その理由は、「経営の成功を目指す」という学問上の志向性を示すとともに、建学の精神である「幸福の探究と新文明の創造」に基づいて、企業や組織体の経営を成功させることで、個人と社会の幸福増進に貢献するという、強い志が込められているからです。

もちろん、現在、70パーセント以上の企業が赤字と言われているように、現実の経営はとても厳しいものがあります。しかし、経営は厳しいという現状認識のもとに、「真剣勝負」の覚悟で成功を目指し続け、新たな事業を起こしたり、所属する企業を活性化できるような、有為な人材を輩出できるよう、より積極的で建設的な経営学分野の研究・教育が急務ではないかと考えます。

そこで、経営成功学部では、経営の成功を通して世の中を良くしたい、豊かにしたいという純粋で強い願いのもとに、現在、体系化され、教えられている経営学の学修《がくしゅう》をベースにしつつ、「経営を成功に導く資質」にも注目して、プロジェクト科目も取り入れながら実践的な学修も行います。専門知識とともにチャレンジ精神と創造性を身につけ、未来性のあるビジネスで地域や国家を豊かにできる、起業家精神溢れる人材の輩出を目指します。また、企業とも協力し、地域産業の活性化にも貢献したいと考えています。

このように、「経営で成功し、人間を幸福にしていくような経営学とは、どういうものなのか」という観点で、具体的に研究をしていく予定です。

世界を救う未来産業の創造を実現する研究

さらに、「未来産業学部」では、従来の基礎的研究のみならず、未来を拓《ひら》く新しい産業を創造する新分野の研究や、理系的側面から、世界の諸問題を現実的に解決できるような、実用性の高い研究を大いに進めていきたいと思っています。

たとえば、エネルギーや食糧問題です。現在、世界の人口が100億人に向かっていくなかで、この二つの課題は、急増する人口を支えるための一番大きな問題です。

日本のエネルギー問題について、安全保障面などを総合して考えれば、「原発」の重要性は無視できません。しかし、「脱原発」の意見のほうへ引っ張られてしまう方も多いので、次世代エネルギーの研究もしていきたいと思います。原発以外の小さい発電方法としては、地熱発電や、火力発電、風力発電などさまざまにあるのですが、これらだけではエネルギーの確保は不十分でしょう。そこで、既存の発電方法とは違った、根本的にまったく新しいエネルギーを生み出す努力もしたいと思います。

また、食糧問題についても取り組んでいきます。たとえば、日本の最先端技術の一つに、ビルのなかで環境を統御して植物を栽培することができる「植物工場」がありますが、今、世界各地から需要が起こっているようです。これなども、ボトルネックとなっている光熱費や、収穫方法の効率化などの課題をクリアにしていくことによって、飛躍的に収穫量を上げることが可能です。

　たとえば、収穫の際の人手の問題です。現在は、人海戦術に頼らざるを得ないのが現状ですが、その理由は、レタスなどを現在のロボット技術で収穫すると、葉っぱが破れてしまったりして、綺麗なかたちで収穫できないからです。これを私の専門でもある情報工学の観点から、ロボット技術を高めて、ロボットによる大量収穫が実現できれば、さらに大きな需要が出てくる可能性はあるでしょう。

　また、女性受けは少し悪いかもしれませんが、世界で研究が進められつつある「昆虫食」（注4）などの可能性、あるいは、近畿大学（注5）や岡山理科大学の山本俊政《としまさ》准教授が取り組んでいる、「魚の養殖技術」等の研究（注6）は、非常に実用性が高く、今後の世界の食糧事情を考えれば、緊急性のあるものでしょう。

　以上、3学部全体として「未来を志向した学部」にしていきたいと考えています。

　他の多くの大学は、過去に蓄積されてきた学問体系がそのまま大学の講義、教育内容となっています。しかし、幸福の科学大学では、それのみならず、世界の未来を拓くために、まだ学問体系になっていない部分に新たに光を当てていく必要があると考えています。過去に蓄積されてきた学問の上に、現在進行形の世界情勢やまったく新しい分野の研究成果などを加えて知識を体系化していき、新しい分野の研究を切り拓いていきたいのです。ここに、新しい夢を拓く本学の使命の一つがあるわけです。

これらを教員と学生が一緒に考え、創り上げていく大学にする予定です。今までの大学にはなかった、非常に新しい教育の試み、チャレンジになるでしょう。

学問の付加価値を生み出す、より高次な異種結合が可能な「幸福の科学大学」

「人間幸福学部」「経営成功学部」「未来産業学部」の三つの学部の教育内容は、

一見すると、まったく別のものであり、教える中身にあまり相互関係がないようにも見えます。

冒頭でも述べましたが、私はこれまで筑波大学の、文系の比率が高い学科に相当する国際総合学類におり、文系の学生にも分かるように、文系的な説明を中心にして、主として理系の学問を教えていましたので、文系、理系それぞれの発想の違いや内容を理解できます。一方、他の先生方は、自分の専門分野を中心に教えていますから、他の分野の内容についてはあまり関心がない、ということもありました。たとえば、国際関係学の教授は情報や環境工学についてはあまり勉強はしていなかったように思います。

しかし、学生たちは、個人レベルで、あるいはグループ間で両方を見事に融合させて、優秀な人材に育っていきました。言うまでもありませんが、文系と理系の知見を備えた学生は、就職でも引っ張りだこです。私のこうした実体験から、幸福の科学大学ではさらに高次なレベルで異種結合が実るだろうと思います。

本学では、さまざまな学校行事や学生寮など、学部・学科を超えて交流できる自由な風土をつくることで、学生たちに各学部の良さが融合されていく、非常に多才な能力を開花させる仕組みを用意しています。

まったく異なる分野の考え方を吸収することによって、それが異種結合し、2倍、3倍となるような相乗効果で大きな知恵を生み出し、多才な人材を輩出することができると考えているのです。

第一の融合――フィロソフィーと実学

さらに具体的に述べますと、第一に、人間幸福学部の「人文学系の学問」と、経営成功学部の「経営学」の融合が考えられます。本学の発想としては、人間幸福学部のプラグマティックな展開部分が経営成功学部ともなっている、と考えています。

たとえば、心理学を援用して経営の成功を考えることも可能となりますし、人文学系のなかにある、倫理面を経営に取り入れれば、「マネー・ゲーム」のように、ただ利益さえ上がればよいと考えるのではなく、「その動機、善なりや」を問いながら、社会の幸福増進に貢献するフィロソフィーを重視した経営も発想できるでしょう。

これらは、松下幸之助や稲盛和夫氏といった経営者が実際に行ってきたものでもあります。

第二の融合――倫理観と合理性

第二は、「人文学」と未来産業学部の「理系の学問」の融合です。現在、理系の学問は、唯物論的傾向や合理主義的傾向が強く、宗教的価値観や神秘的なものを否定しがちです。その結果、本来の科学的探究心のなかにあるべき、もっと自由に未知なるものを探究していくチャレンジ精神が見失われているように感じます。

また、新しい発見・発明は大事ですが、それがどのようなかたちで有効利用されれば人間の幸福をつくり出せるのか、といった善悪の価値判断や倫理観などは、きちんと見極めなければならない問題です。しかし、理系人材には、自分の研究に没頭するあまり、その研究や発明がもたらす結果についての善悪まで考えていない人が、意外にいます。

こうした理系の学問の弱点も、各人のマインドに、思想や歴史などの人文学系の学問や宗教的考え方が身につくことで解消できますし、人類の幸福増進にとって、さらに有効な研究も推し進めることにもつながっていく、と考えます。

第三の融合――新発明と経営・事業化発想

第三に、「経営学」と「理系の学問」の融合です。たとえば、未来産業学部の学生が何か新しいアイデアを思いつき、新しい製品を発明したときに、経営成功学部の学生がそれを事業化する。あるいは、未来産業学部の学生も、経営マインドを持って、事業化のアイデアを経営成功学部の学生に提案する――このように協力し合えれば、経済学者のシュンペーター（注7）が言うような「新結合」によって、無限に新しい発想が繰り出されて、そのなかから、次代の〝マイクロソフト〟になるような、新しい世界的企業ができる可能性も出てくるでしょう。

さらには、会社の起業に留まらず、私は、本学が建つ千葉県・長生村《ちょうせいむら》の一帯が、シリコンバレーのようになるイメージを持っています。シリコンバレーにあるスタンフォード大学は、ヤフー、グーグル、ヒューレット・パッカードなど世界的企業が次々生まれるようなベンチャー企業の苗床ですが、面白いのは、そのベンチャーを支えている人たちには、地元のアメリカ人だけでなく、アジア系の学生が数多くいる、ということです。

スタンフォード大学のキャンパスには、日本人や中国人、韓国人、シンガポール人、インド人、さらに香港や台湾から来ている学生など、アジア系学生が数多く見受けられるそうです。実際に統計を見てみると、シリコンバレーに住むアジア系の人口比率も、全米全体の平均よりもかなり高く、サンタクララ郡では、白人比率55パーセント（全米平均74パーセント）に対し、アジア系が18パーセント（全米平均3パーセント）となっています。その意味で、幸福の科学大学発信の新事業がどんどん生まれてくれば、こうしたアジア系の学生をはじめ、世界各国から優秀な人材が集まってくるようになります。

可能な限り早い段階で、皆様の期待に応え、世の中に訴えられるような成果を出せるように、みんなで一緒に考えながら、未来を切り拓いていきたいと思っています。

ちなみに、スタンフォード大学のキャンパスの中央には、有名なスタンフォード大学記念教会があります。ここで卒業式も行われ、学生たちは神の御前《みまえ》で卒業証書を受け取ります。つまり、幸福の科学大学同様、宗教の価値を基礎に置いているわけです。

新しい分野の研究に対するチャレンジ精神を

このように、幸福の科学大学では、学部・学科の垣根《かきね》を取り払い、何でも挑戦できる自由な雰囲気をつくります。学生には新しいものにチャレンジしていく実行力や勇気、チャレンジ精神を発揮してもらいたいと思っています。

各学会でよく見受けられる状況に、似たり寄ったりの研究、流行《はや》りの分野の研究をみんなでするようなカルチャーがあります。これだけでは、独創性や創造性がありません。細かく見ると、新しいアイデアも出てきてはいるのでしょうが、あまり大きなインパクトがない状態です。

しかし、幸福の科学大学では、必ずしも短期間で結論を出すことばかりを考えるのではなく、長期的視野を持ちつつ、どんどん難しい課題にチャレンジし、既存の大学のものとはまったく違うような、未知なる新しい分野への研究に果敢にチャレンジしていきたいと思っています。

新しい研究というものは、はじめは成果が出ないように見えるかもしれませんが、長く根気強く続けていくことによって、どこかの時点で、非常に大きな成果が出てくるものなのです。

新しい創造のための研究アプローチ
――双方向型の共同研究も重視

その意味で、できれば、外の学会では評価しづらい斬新な研究も、本学内部で研究発表するなど、公平な評価ができるシステムをつくりたいと思います。新しい挑戦に価値を見出せるシステムをつくり、まったく新しい発明によって、未来を切り拓く産業を生み出していきたい、ということです。

私は、教員から学生への、一方通行による知識の伝達のみの教育では、学問にとって大切な、学生たちの探究心や考える力を引き出すことが十分にできないと感じています。また、教授や准教授が決めたテーマで学生が研究をしているだけでは、新しい領域は発掘できないでしょう。そこで、教員がサポートしつつも、学生主体で行う研究というものも、大いに推奨していきたいと考えています。

理系の分野では、日々新しい発見・発明が世界各地で行われ、学ぶべき知識が毎日進化しています。その結果、どのような現象が起きるのかといいますと、過去の知識はすぐに古くなり、使えなくなるのです。経営学者のドラッカーが言っている「知識の陳腐化《ちんぷ》」があっという間に起きるわけです。

つまり、過去の知識でガチガチになっている教員よりも、新しい理論を学んでいる学生のほうが、主流の新知識を豊富に有している、という逆転現象がよく起きるのです。この問題を解決するために、教員側が教授しつつも、双方向で共同研究するアプローチを主体にして、教員と学生が一緒に新しい世界を切り拓いているわけです。

もちろん、新しい知識が日進月歩の勢いで加わるというよりも、古い過去の知識を学ぶことが中心となる学問もあります。こうした、幾多《いくた》の人たちの、血のにじむような努力によって積み重ねられてきた学問的蓄積は、しっかり学ぶべきですが、そればかりに目が行き過ぎると、その枠から出られなくなり、新しい創造ができなくなるようにも思います。

たとえば、過去の研究を少しだけ手直しし、新しい論文・研究として発表するなどです。このような、インクリメンタル（注8）な研究ではなく、もっとドラスティックに方向性を変えて、まだ誰もやっていない研究に取り組めるようにしたい。過去ばかりに目を向けるのではなく、現在や未来に向けて、自分だったらどうするか、という「独自の発想」や「新しい発想」を大事にしたいものです。

これは、「何でもやればいいんだ」と言っているのではありません。現実には、本当に訳の分からない実験をやる人もいるので、そのあたりはしっかり峻別し、きちんとした科学的アプローチで、成果を出せるものにしなくてはいけません。

しかし、基本的には自由に研究できる環境をつくることが、長い目で見ると画期的な成果を生み出すことにつながると考えています。

世界への発言力を磨くための、歴史認識と英語力

繰り返しになりますが、私は、文系・理系を問わず、現在ただいまの問題に対して、責任とチャレンジ精神を持つことのできる人材を輩出しなければならない、という強い思いを持っています。

現代の若者を含む日本人全般には、愛国心を持っていない人が多くいます。根強い「自虐史観《じぎゃくしかん》」から、民族としての誇りを取り戻せずにいることがあると思いますし、そこには教育の問題が大きく横たわっているでしょう。

私の実家は農家で、父は、尋常小学校しか出ていない、どちらかと言えば無学な人です。しかし、新聞やテレビのニュースはよく見ており、学問はなくとも、その内容が日本を良い方向へ導くものか、悪い方向へ導くものか、よく理解していました。

私は、世間の動きにあまり関心を持っていなかったので、あるとき父の見識に気づき、少しショックを受けたのです。すなわち、自分の専門だけではなく、世の中全体を見る目が必要であることを痛感したわけです。

そして、「本当のあるべき姿とは何か」ということを常に考えていないと、世の中があっという間に悪くなるという危機感と、真理をしっかり学んで、真実の善悪の価値観や正義観を確立しなければ、今後の日本は大変なことになる、という焦りを強く感じたのです。

ですから、学生一人ひとりが、「何が正しいか」ということを、自分の頭で考えることができるようになるとともに、これからは、その考えを他人や海外に発信できなければならないのではないでしょうか。

そのためには、真実の歴史を学ぶほかに、英語の学習が不可欠です。幸福の科学大学では、特に英語の授業が大変充実しています。総合英語という3学部共通の英語総合プログラムがみっちりありますし、それ以外に、課外授業も考えています。TOEICのスコア平均730点を目指していますので、どの学部を出ても、英語のできる学生になるのではないかと自負しています。

〝一生の宝〟が得られる、幸福の科学大学での学生生活

しかし、単に頭でっかちな、勉強さえしていればよい、という学生を望んでいるわけではありません。豊かな友人関係を育み、相手を思いやり、互いに助け合える、そうした人間性も大事にしたいと考えています。

たとえば、先ほども少し触れましたが、本学には学生寮が設置されており、1年生は全員寮生活をすることとなります。2年生以降は、寮を出て一人での下宿等を自由にできますが、希望者は寮生活を続けることも可能です。

私は東大の大学院生の頃、学生寮である豊島寮に入りました。そこにはじめて行ったときは、建物も古くゴミゴミした感じで、「ここに住むのか。まあ、仕方な

いな」と思ったのですが、よく言うように、住めば都で、非常に住み心地が良くなりました。その理由は、学部学科を超えて寮祭などの行事や勉強会が活発に行われ、その勉強会では担当講師になることもあり、そのときは恥をかかないように、しっかり勉強し、また、他の人が講師のときは、異分野の知識も気楽に学ぶことができました。学生同士も仲が良くなり、勉強だけでなく精神的にも実り豊かな時間を過ごすことができたからです。

そこでは、何か問題が起きたときなどでも、学生同士で相談し解決していくので、自立心も育ちました。寮生活の良いところは、このように学生同士がお互いに助け合い支え合って共同生活できることでしょう。だから、一人で問題を抱えて悶々《もんもん》と悩むということもなかったのです。

寮に入らずに、アパートに一人で下宿する学生もいましたが、たとえば卒論の取り組みなどで壁にぶつかったとき、相談できる人が近くにいないので、結局一人で悩みを抱えてしまって、引きこもりになってしまう学生もいました。私が教員のときにも、一人暮らしの学生が、引きこもりになってしまって学校に出てこなくなることが何度かありました。しかし、私が経験した範囲では、寮生活でそのように深刻な事態に陥る学生は一人もいませんでした。

幸福の科学大学では、前述したように、1年次に寮生活を送ります。その共同生活から、必ず良い友人関係がたくさんつくれると思います。その絆は、たとえ2年次以降、寮を出たとしても助け合い支え合える関係になりますから、孤独ではなくなります。さらに、卒業後も理解し合えるような友人関係が得られるでしょう。これは、学生のみなさんの一生の宝になるものだと思います。

学生に期待する四つのこと

こうした教育を通して、私が願っていることは、利他の精神を発揮して、正義感が強く、高い倫理性を持った学生、困難な課題にも勇敢に挑戦していく、実行力と勇気を持った学生を育て、世界で活躍してもらいたい、ということです。

本章の最後に、今後の日本と世界を支えていく若者たちにお伝えしたいことが四つあります。私が六十数年生きてきた結果、現在疑うことなく、心から信じていることです。

第一は、努力をすること。

第二は、時間を大切にすること。

第三は、他人や社会のために貢献すること。

第四は、信仰心を持つこと。

それぞれ平凡な言葉かもしれません。しかし、この四つを実践し続けることができたなら、きっと自分自身に納得のいく、後悔しない人生を歩むことができると思います。それは、職業や立場にかかわりなく、どなたであっても「成功」の人生である、と堂々と言えるものだと私は考えています。

一番目と二番目は、みなさんもうなずかれることでしょう。

三番目は、特に私自身の実感があります。もちろん、自分のことを中心に考えていればよい、という考えもあるかもしれません。しかし、自分のためだけになした仕事は、たとえ成果が出ても充実感がなく、後味がすごく悪いものです。逆に、他の人のためにがんばった仕事は、さわやかな達成感があります。

なぜなら、他の人に尽くすことは、心から湧き上がってくる、精神的喜びが伴うからです。こうした経験から、人間とは、もともと他の人に尽くすことの喜びを心に埋め込まれているのだ、ということを私は体感したのです。しかも、そのときに得られた成果も自分に役立つことが多かったと思います。

幸福の科学教学では、この実践を「与える愛」と言い、人間の「幸福の原点」であると考えています。大川総裁は、『幸福の原点』(27 - 28ページ)のなかで、次のように教えてくださっています。

幸福の原点とは、与える愛の実践であり、仏の慈悲心とみずからの心の波長とを合わせることなのです。

己《おのれ》の心を空《むな》しゅうして、他人や社会に対して愛を与えていかんと決意するとき、そこにあなたの幸福の原点があるのです。


私はこの言葉を、常に心に刻んでいます。

本当に、この通りなのです。

四番目の信仰心は、冒頭に述べた、本学の強みである宗教性でもあるでしょう。

学問と信仰は両立するのだろうか、と疑問を感じる方もいるかもしれません。

無教会派のクリスチャンだった元東大総長の矢内原忠雄《やないはらただお》も、東大経済学部の教授時代、「信仰と、学問や科学的探究態度は矛盾するものではない」「世界の平和は科学だけでは実現できず、神の力によってなるのだ」という主旨の発言をしたとき、同僚の学者たちから、「矢内原君はついに学問の一線を踏み越えた」と非難された、という話を聞いたことがあります。これは戦前の話ですが、戦後、宗教が否定的に扱われ、唯物論もさらに強くなった現在では、非難する側の意見が多いかもしれません。

しかし、私はそのようには考えられないのです。理由は二つです。

第一に、宗教とは人として生きる道そのものであり、これは学問に先立つものである、ということ。

第二は、人としての生きる道である宗教は、学問の方向性が、人々の幸福を増進させるものか否かの価値判断の基準となること。学問をもって学問の善悪をはかることは難しい。なぜならば、それは相対的なものだからでしょう。すなわち、学問より高次な根源的価値を示す神仏の心から照射しなければ判断できない、と言えるのではないでしょうか。

このような、学問に先立つものとしての信仰心や宗教心というものも、多くの方に大切にしていただきたいと考えています。

（注1）文・理融合のカリキュラムのもとでグローバルな視点からの洞察力と分析能力を身につける学科。国際政治・法学、経済学、文化、社会開発、および情報・環境工学などを履修する。

（注2）カントによれば、感性とは「我々が対象から触発される仕方によって表象《ひょうしょう》を受ける能力」、悟性とは「感性的直観の対象を思惟《しい》する能力」、理性とは「悟性の規則を原理のもとに統一する能力」であり、「我々の一切の認識は、感性に始まって悟性に進み、ついに理性に終わるが、直観の供給する素材を処理して、思惟の最高の統一に従わせるものとしては、理性より高いもの〔認識能力〕は、我々のうちには見出せない」とある（『純粋理性批判』）。

（注3）「幸福学」は、日本では2014年1月にNHKの番組でアメリカの白熱教室が紹介され注目されている。また、ハーバード大学でも「幸福学」は教えられており、世界的に注目を集めている。「幸福」に関する学術研究としては、近年、心理学、経済学、社会学、保健医療学等の分野で、「幸福」に関する学術的研究としての「幸福学〈Happiness Studies, Well-being Studies〉」「幸福度研究（主観的幸福感〈Subjective Well-being〉と呼ばれる

人々の主観的な生活の評価や幸福感を中心とした研究）」や、定性《ていせい》的な人生の「質」を重視する「クオリティ・オブ・ライフ（ＱＯＬ）」等の研究が進展している。こうした背景として、人々の意識の変化が挙げられる。２０１２年８月に発表された『国民生活に関する世論調査』（内閣府）では、「物の豊かさ」よりも「心の豊かさ」を重視する人が過去最高の64パーセントとなっている。

（注４）国連食糧農業機関（ＦＡＯ）は、２０１３年５月13日、イタリアのローマで記者会見を開き、昆虫食の有効性について発表した。昆虫は、肉や魚に比べてタンパク質の含有量や質が高く、食物繊維や銅、鉄分、マグネシウム、リン、セレン、亜鉛などの栄養分も豊富に含まれ、安価で環境に優しい食糧源になり、昆虫を食べる量を増やせば、世界の健康と富の増進や環境改善に役立つと報告された。

（注５）近畿大学では、１９４８年より養殖の研究をはじめ、１９６０年代よりヒラメ、イシダイ、ブリ、カンパチ、シマアジなど18魚種の人工種苗《しゅびょう》生産を実現。２００２年には実現不可能と言われていたクロマグロの完全養殖に世界で唯一成功している（家戸，２０１３）。

（注6）岡山理科大学の山本准教授は、海水魚と淡水魚を同時に育てることができる「好適環境水」を開発。その好適環境水を用いた試験養殖でトラフグやウナギ、ヒラメを生産し出荷している。

（注7）オーストリアの経済学者。「経済成長の起動力は企業家によるイノベーション（新結合）にある」とする独創的な理論を構築した。

（注8）少しずつ進歩していくこと。

第2章

人間の心に奉仕する科学を求めて

２０１４年6月のある日、私の携帯電話に一本の電話がかかってきました。

「至急、来ていただきたい。何時に到着できますか」

ただ事ではない空気を感じ、取るものもとりあえず、服を着替えて慌てて家を飛び出しました。

呼ばれた場所は、幸福の科学大学の準備室です。

私はしばらく前から、幸福の科学大学の準備室で、教材ソフト作りのお手伝いをしていました。

いろいろと現在の状況などを説明していただいたあと、切り出された言葉に、私は一瞬息をのみました。

「福井先生、幸福の科学大学の学長をお願いできませんか」

緊張した空気のなかで、その場の視線が一斉に、うろたえる私に向けられました。

今年２０１４年4月に筑波大学の名誉教授に就任して、7月に担当する集中授業2科目の準備をやっている最中《さいちゅう》でしたので、まさに青天《せいてん》の霹靂《へきれき》でした。しかも、新しい大学の学長など、自分に務まるはずがありません。学長の器でないことは、自分が一番よく知っています。

しかし、悩み考える時間もまったく与えられず、私はすぐに決断を迫られました。

思えば数十年、研究と教育のアカデミズムの世界で、目立った成果は上げられませんでしたが、自分なりに地道な努力を続けてきました。現役の教授を引退して、第二の人生を踏み出そうとしているときに、このような話をいただいたということの意味を考えると、「この日のために、今までの人生があったのかもしれない」という熱い思いが、心の底からふつふつと湧き上がってきたのです。

「この新しい大学創りに力を尽くそう。自分の能力不足のために、いくら恥をかいてもいい。できるところまで頑張ろう」。そう思って、私は幸福の科学大学の学長職をお引き受けすることにしました。

今、新たな船出に当たり、わが人生を振り返っています。幼少期から科学的好奇心が旺盛でいろいろな実験をしたこと、工作が大好きでいろいろな物を作ったこと、科学者として研究に打ち込んだこと、宇宙の神秘に魅《み》せられたこと——。ここまで私を導いてくれたさまざまな出来事、人との出会いが、次々と心に浮かんできます。

幼少期〜小学生

3歳にして紙工作に没頭する

私は、福岡県京都郡《みやこぐん》という田舎《いなか》の農家に、4人兄弟の末っ子として生まれました。男性ばかりの兄弟で、よくケンカをしていたようですが、親は農作業が忙しく子供にかまっていられなかったため、助け合いながらともに育ちました。

ただ、3人の兄は外で遊ぶのが大好きで、野球をしたり山に行ってメジロなどの鳥を捕ってくるような活発なタイプでしたが、私はまったく逆で、外遊びにはほとんど興味がなく、家のなかにいることが多かったように記憶しています。

特に工作が好きで、3歳頃にはすでにハサミを持って、一日中飽きることなく紙を切って遊んでいました。あるとき、親が当時を振り返って「おまえはおもちゃを欲しがらなかったので、お金がかからなくて本当に助かった」と言っていました。案外親孝行だったのかもしれません。

幼稚園の頃に〝錯覚〟の面白さに目覚める

物を作ることのほかにも、人間の感覚機能に関心が高かったことを覚えています。後に研究者としてバーチャルリアリティ（注1）の研究をすることになるのですが、そんな将来の進路を予期させるような、錯視《さくし》（注2）の面白さに目覚めたエピソードがあります。

当時、自宅で鶏《にわとり》を飼っており、幼稚園や小学校などによくあるような、金網張りの鶏小屋がありました。六角形の金網が格子状に規則正しく並んでいるその小屋の前で、ぼーっと鶏を見ていると、ふとした瞬間に、金網が鶏の向こう側に見えることがありました。

まるで金網が鶏から透けているかのように見えるこの現象は、遠くを見るような気持ちで見ているとき、難しい言葉で言えば、輻輳角《ふくそうかく》が小さいときに起きる、錯覚現象であることに気づきました（図1）。しばらくするとすっかり慣れて、意識的に自分の目の焦点を調節して、錯覚を起こせるようになりました。

このときから、私は人間の視覚の面白さに気づいて、いろいろな物の見え方を調べて楽しむようになりました。そんな科学実験のようなことを幼少期にやっていましたので、ずいぶん変わった子供だったと思います。

実は科学者として有名なニュートンも、若い頃に楊枝《ようじ》や自分の指などを、自身の眼球の下から裏側にまで入れて、自分の目を通して見える映像の変化を調べていたという記録が残っています。ニュートンと比較するのは恐れ多いことではありますが、科学研究者になるような人間は、少し似たような好奇心を持つのかもしれません。

【図 1】鶏小屋の錯覚

（普通）
小屋の前に張ってある金網を通して見る鶏

（錯覚）
手前にいるのに、透けて後ろの金網が見える透明な鶏

鶏小屋の前に立つ人を上から見た図

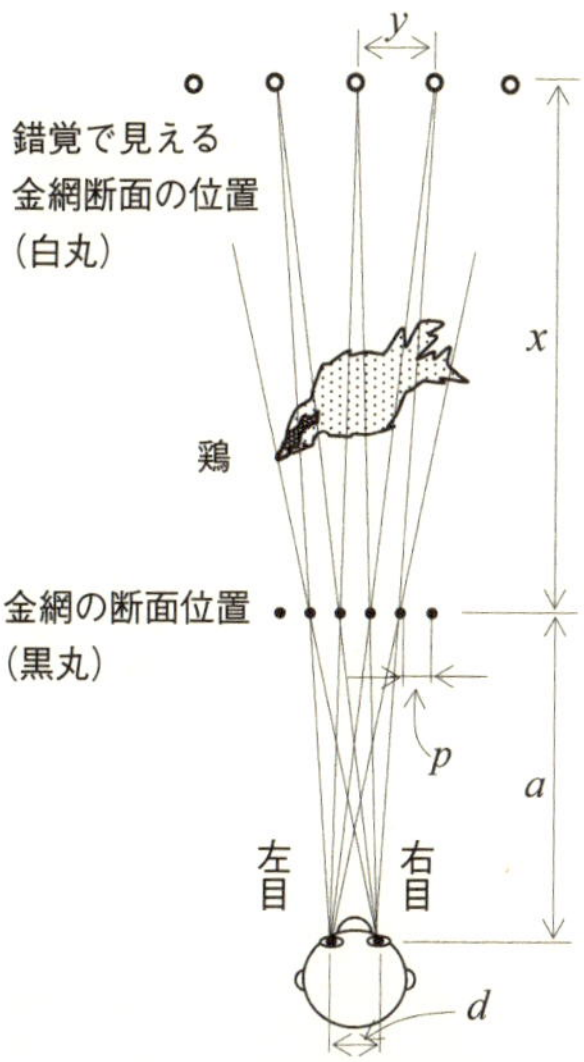

金網の断面の一つ（黒丸）を共通の頂点とし、両目の位置を頂点とする三角形と錯覚で見える金網断面を頂点とする向かい合った三角形の相似の条件から

$$a : d = x : y$$
$$p : a = y : (a + x)$$

より、実際の金網から錯覚で見える金網までの距離 x は

$$x = \frac{ap}{d-p}$$

となり、錯覚で見える金網の間隔 y は、

$$y = \frac{dp}{d-p}$$

となる。ここで、

a：目から実際の金網までの距離
b：左右の目の瞳の間隔
p：金網の左右方向の間隔

六角形の穴のある金網（黒丸の列）の小屋の前で、じっと鶏を見ていると金網が鶏の後ろにあるような錯覚が生じる（白丸の列）。このとき、後ろの金網が透けて見えるので、鶏が透明になったかのように感じられ、二重の錯覚が生じる。

その後、1983年だったかと思いますが、ある学会誌に「鶏小屋で錯視が起きる」という内容の論文が載っているのを読んで、「幼稚園のときから知っている錯覚現象だな」と思ったのを覚えています。

ランダム・ドット・ステレオグラムというものも一時期流行《はや》りましたが、これも同じような原理を利用しています。見かけ上はドット（点）しかありませんが、あるところをじっと見ると立体的なイメージが浮かび上がってくる、というものです。流行りはじめの頃は、なかなかできない方が多かったのですが、私は小さい頃から慣れていたので、とても得意で、よく人にやり方を説明していました。

小学校のときの工作の苦い思い出

小学生になっても相変わらず工作が好きで、いろいろな物を作って遊んでいました。

4年生のときには、四角い箱をつないで、電車を作りました。電線から電気を取り込む菱形《ひしがた》のパンタグラフも紙で作るのですが、形を作るだけでは面白くありませんから、穴を上手に開けていかにも金属っぽい感じを演出しようとしました。ところが手を滑らせて、紙をザクっと切ってしまいました。ちょうどその作業をしているときに、家族が別の部屋で何かの話で大笑いしていたので、とっさに「うるさい！」と家族に八つ当たりしたことを思い出します。

今となっては、私の自分勝手なわがままに対して、まったく怒らなかった家族全員に、お詫びをしたい気持ちです。

顕微鏡などの光学装置作りにチャレンジ

そのほかにもいろいろな物を作りましたが、代表的なものとしては双眼鏡や望遠鏡、さらには顕微鏡でしょうか。なぜこれらを自分で作ろうと思ったのかはよく覚えていませんが、レンズや光学装置が気に入ったのではないかと思います。

実家は農家だったため、高価な物を買ってもらえるような環境ではありません。

そこで親戚や周りの人に頼んで、レンズをはじめ要らない物や廃品などを可能な限りもらって部品に分解し、ストックしておくのです。何かを作るときには、そこから必要なものピックアップして使うわけです。

双眼鏡を作ったときのことです。双眼鏡には対物《たいぶつ》レンズ（凸《とつ》レンズ）と接眼《せつがん》レンズ（凹《おう》レンズ）がそれぞれ二つずつ必要ですが、凹レンズが手元に揃わなかったため、凸レンズだけで作ってみることにしました。その結果、上下が逆さまになった倒立の風景しか見ることができませんでした（図2）。

その倒立像をじっと眺めていると、なんと遠近も逆転していることが分かりました。凸レンズだけで双眼鏡を作ったときに起こる、この遠近の逆転は、かなり注意深く観察しないと気がつきません。

人間の思い込みの力はとても強く、「柵のほうが向こうにあるはずだ」と思うと、レンズを通して見える景色の遠近が逆転していても、目で見ているときの遠近と同じに感じるのです。

【図２】双眼鏡から見える像

1mくらい目を離して二つの黒点が重なるような状態で写真を見ると、実際に双眼鏡を覗いたときと同じような立体の映像が（1）では見える。（2）は遠近が逆転するが、分かりづらい。

（1）普通の双眼鏡で見たときの像

（2）凸レンズの双眼鏡で眺めたときの倒立像

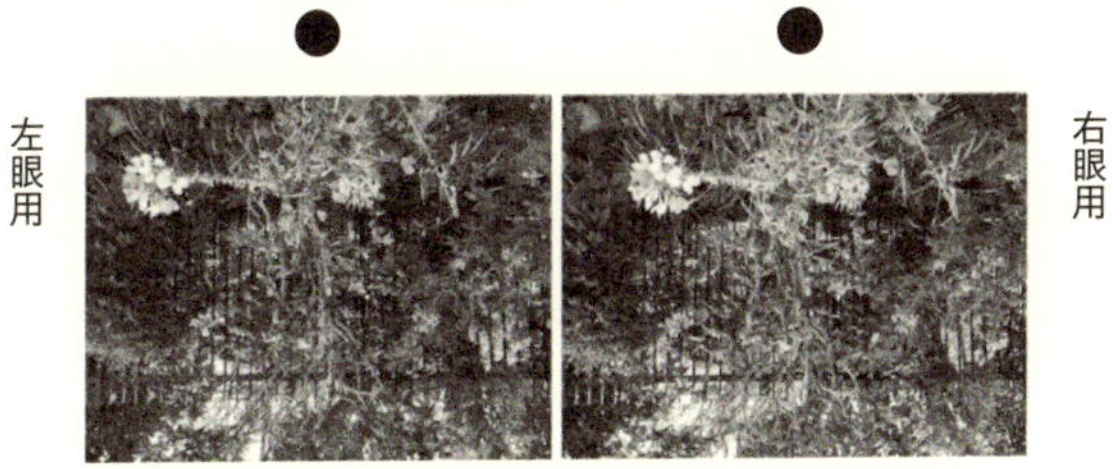

（3）遠近が逆に見える双眼鏡のレンズ構成

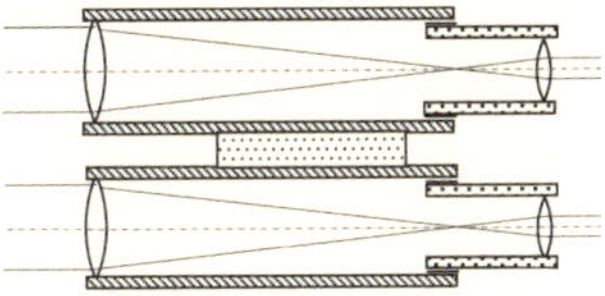

これも一種の人間の意識による目の錯視であり、とても面白く感じました。

また、顕微鏡作りにもチャレンジしました。一番苦労したのは、光を入れるための反射鏡作りです。どうやって身近な物で作ろうかと頭をひねりました。結局、タバコの箱に入っていたアルミ箔を、ボール紙に貼りつけて作りましたが、角度を調節するのが難しかった記憶があります。顕微鏡ができると、理科の教科書に載っていたツユクサを乾かしたり水分を与えたりして、気孔《きこう》の仕組みを観察するなど、自分なりに実験をして楽しみました。

宇宙の神秘や死後の世界について考える

さらに、望遠鏡も自分で作って、よく夜空の星を観察しながら、宇宙の神秘に思いを馳せていました。

5年生のときの1961年4月12日、ユーリ・ガガーリン少佐を乗せた人類初の有人宇宙船ヴォストーク1号が、旧ソ連によって打ち上げられた際のニュースを見て、宇宙飛行士や宇宙にとても憧れるようになったからです。

この頃は、人間の生死についても、考えることが多くなりました。ご存知の通り、終戦直前に原爆が長崎に落とされていますが、天気が良ければ小倉に落とされていた可能性がある、ということを知りました。そうなると、小倉に近い実家にも被害があっただろうし、「もしかすると両親も被害にあっていたかもしれない」と思いました。

そんなことがあって、小学校高学年の頃から、宇宙の神秘や死後の世界について、さまざまな疑問を持つようになり、いろいろと考えを巡らせることが多くなっていったわけです。

学生時代

中学生のときにラジオの組み立てに熱中する

中学校に入ると、ラジオ作りに夢中になります。一番上の兄が高校生のときに、サークル活動でラジオの組み立てをやっていたのを見て、興味を持ったのがきっかけです。

小学校のときと同じように、壊れたラジオやステレオ、スピーカーなどのオーディオ製品を中心に、要らない物をもらってきては分解して、部品を集めました。ラジオには数多くの部品が必要で、だいたい壊れたラジオ3台分の部品から、やっとラジオが1台完成できる感じでしょうか。

部品とは、真空管、抵抗器、コンデンサ、ボリューム（可変抵抗器）、バリコン（バリアブルコンデンサ、可変容量コンデンサ）、コイル、真空管を挟むソケット、ラグ板（抵抗やコンデンサを半田《はんだ》付けする端子板《たんしばん》）、管《かん》ヒューズ、ネジ、ナット、つまみ、スピーカー（マイクとしても使えた）、磁石、真空管を取りつけるアルミの箱、イヤホン（ダイナミックイヤホン、クリスタルイヤホン）、ジャック（接続ケーブルを装置に差し込んで使う部品）などです。

私のいた中学校には科学クラブのようなものがなかったので、幼稚園のときと変わらずに、自宅で黙々と作業をする毎日でした。学校の担任の先生には、「身体を強くしたほうがよいから運動部に入ったらどうか」と言われ、何か運動部に入った記憶があります。しかし私は、友達と野球をやるときにも、なるべくボールが来ない所に配置されるような、運動能力がほとんどないタイプで、運動が好きでもなかったものですから、数カ月でやめてしまいました。

アマチュア無線がやりたかった高校時代

高校生になると、アマチュア無線（注3）が、やりたくてたまらなくなりました。

当時の無線は、今流行りのウェアラブル端末のような新しさがあり、ワクワクする話題の技術でした。しかし、免許の取得が必要であったことと、そもそも装置が手に入らなかったため、実現できませんでした。

その代わりに、微弱電波が発生する装置を自分で作り、音楽をＦＭ電波に飛ばして、自分で作ったラジオで受信して楽しんでいました。

また、このときには、兄が、今までより高級な望遠鏡のレンズを買ってくれたため、小学校の頃から比べると、ずっと性能の良い望遠鏡を作ることができました。

前述した通り、宇宙にも関心がありましたので、望遠鏡で木星の衛星を観察してみました。毎日どんなふうに動くのかを観察し、記録をつける日々がしばらく続きましたが、それほど面白くもなくなって、数週間でやめてしまいました。

どうも私には、飽きっぽいところがあるようです。

学生運動で東大入試が中止になる

高校時代は勉強にも一生懸命に取り組み、成績は良いほうだったと思います。

特に数学と英語が得意で、あくまでも当時の話ですが、英語の単語力が抜群に高かったのです。毎日、自分で作った単語カードを片手でめくりながら、片道約30分の通学路を歩いて、学校に通っていたからだと思います。

勉強を頑張るなかで、「どうせなら一番難しい学校に挑戦してみたい」という気持ちになり、学校の先生も勧めてくれたため、東京大学の受験を本気で考えました。ところが私の大学受験の年の１９６９年は、学生運動（注４）が激しかったために、東京大学の受験自体がなくなってしまったのです。

当時の担任の先生もショックだったようで、わざわざ自宅まで来て、対応策を一緒に考えてくださいました。

経済的に浪人するようなことが許される環境ではなく、とにかく入学することが至上命題だったので、京都大学を受験することにしました。二期校（今の後期試験に相当）として、九州工業大学にも申し込みました。

選んだ学部はもちろん工学部です。ここまでご紹介してきた通り、幼少期から物を作ったり実験したりすることが大好きでしたから、学部の選定には迷いませんでした。

現役で京都大学工学部へ入学する

1969年4月、無事に京都大学工学部に現役合格し、実家を出て下宿生活を始めました。入学当初は工学部の合成化学科に所属していましたが、2年生になるときに、より興味関心が高かった精密工学科（現・物理工学科）に転学科することにしました。

当時は、入学式も卒業式も実施できなかったほど、激しい学生運動の最中で、教養学部時代の最初の2年間は、授業も予定の半分程度しか実施されない状況でした。

その少ない授業のなかで、特に印象に残っているのが「数学の授業」です。たとえば極限値（注5）と呼ばれる概念がありますが、ほとんど1回の全部の時間を使って、丁寧に証明するようなスタイルの講義に感動しました。高校時代とは違って、答えを求めるだけではなく、その考え方を重視するという授業内容に、「これが大学か！」と面食らいました。

また、無機化学（注6）の実験では、さまざまな試薬を手順に従って使う定性《ていせい》分析（注7）で、わずかな量のサンプル液からでも、水に溶けた複数の金属イオンを検出できたことに、なぜかとても感動しました。

ちょうど下宿の近くを流れている川が、生理的に拒絶反応が起きそうなくらいの悪臭を放っていたので、授業で習った手法で何が検出されるか実験してみようと思いましたが、水をくみ上げるのが難しくて断念しました。

大学ではサークル活動やアルバイトも

授業が少なく時間があったため、中高生時代には縁遠かった、クラブ活動にも参加しました。ブラスバンド部の演奏があまりに素晴らしくて、感動のあまり勢いで入部してしまったのです。

数年前に東京オリンピックがあり、そのファンファーレが格好良かったので、それを吹きたくて楽器はトランペットを選びました。高い音を出すのがとても難しくて苦労しましたが、そもそも難易度の高いトランペットを、大学から始めること自体が無謀な話でした。

アルバイトもたくさんやりました。一番能率がいいのは家庭教師でしたが、荷物を運ぶ仕事やチューインガムの包み紙に当たりくじを入れる作業、ガラス食器を立派な箱に詰める仕事など、何でもやりました。家からの仕送りの頻度が徐々に少なくなっていったこともあり、なんとか自分で学費や生活費の一部を稼ぐ必要があったのです。

機械工学のなかでは珍しい光学の研究室に入る

教養学部時代が終わり、卒業研究に入る頃になると、光学を扱う研究室に所属することにしました。機械系の授業がメインの学科だったため、多くの学生は熱や振動、機械材料などを扱う研究室に所属しましたが、私は興味関心の高かった光を扱う研究室を選びました。

当時は、教授が持っているいくつかの研究テーマを、院生たちがそれぞれ分担して実験を行うスタイルでした。私たち学部生は、その院生たちがする実験の助手をしました。

私が手伝ったのは、プラズマ放電させるときに変化する電子の密度を、レーザー光で検出する実験で、先輩方にいろいろと教えてもらいながら、そのテーマで卒論もまとめました。

社会人時代

初めての就職は日立製作所へ

そうこうしているうちに、あっという間に卒業のときを迎えます。

卒業後は、日立製作所へ就職することになりました。大学3年生のときに、現在のインターンシップに相当する工場実習として、日立製作所の東海工場に行かせていただいたご縁もあって、初めての就職先として選んだのです。

日立の気風は一言で表現すれば〝野武士《のぶし》〟という感じでしょうか。とにかく、たくましくやろうという、元気いっぱいの社風のなかで、1973年から1977年まで、4年間お世話になりました。

私が配属になったのは千葉県茂原《もばら》市の茂原工場です。

この茂原という土地は、幸福の科学大学が建つ予定になっている長生村《ちょうせいむら》のすぐ隣ですから、何かこの土地にご縁があったのかもしれません。週末は、同期の友人と自転車で30分の一松《ひとつまつ》海岸によく行って海を眺めたり、貝掘りをしたりしました。

機械装置に「魂」が乗り移る!?

私は生産技術グループというところで、製造設備の設計作業がおもな職務内容となりました。もともと物を作るのは好きでしたから、自分で考えて図面を描いたものが、実際に製造設備として出来上がってきたときには、やはり感動しました。

大きな装置では複数の設計者が担当部分を設計し、それぞれの装置を合わせて仕上げます。ここで印象に残ったのは、出来上がった装置に設計者の性格や心境が、驚くほど反映されるということです。

製品が流れるレール部分一つを取っても、小さなところまで心を配って設計されたものと、細部が雑なものとの違いが歴然と出ており、一瞬背筋がぞっとしました。心を込めて丁寧に仕事をしなければいけないことを痛感したのです。

よく書道や絵画、彫刻などの芸術作品では「魂が乗り移ったようだ」などと表現されますが、機械装置の製作でも同じことが言えるのだと思います。

民間企業ならではの顧客志向を学ぶ

日立製作所の工場では、メンテナンスサポートも担当していましたので、何かトラブルや事故があると、対応に追われました。お客様へのサービスを学ぶことができた経験は、研究者肌の自分にとってはとても貴重なもので、その後の人生に大きく活かされました。

ある大阪の病院で、レントゲン撮影装置が事故を起こしたときは大変でした。X線撮像装置の要である回転陽極X線管（注8）に不具合が起きたのです。すぐに新しい製品に交換する手配をしましたが、正しく動作しているかをチェックするために、品質管理の担当者と二人で、顧客のところへ行くことにしました。「とにかく謝ってから、交換品が正しく動作しているか確認して、それを顧客に報告して安心していただこう」と思い、夜慌てて列車に飛び乗ったことを思い出します。

主力製品の改良に貢献

実は、入社後に1年ほどの研修期間があり、各自で何かテーマを決めて研究するプログラムが組まれていました。前述した通り、主力製品の一つだった回転陽極X線管が、顧客先で振動音が激しくなり、早期に劣化・交換することがありましたので、その性能を改善するための研究をすることにしました。

この製品は、機械を起動させたときに出る高い熱で金属が溶けないように、熱が集まる場所が回転する仕組みになっていました。1秒間に約150回程度も回るものですから、振動によって大きな力を受けるX線管の軸受《じくうけ》の寿命が短くなり、とても困っていました。そこで私は、振動をなるべく少なくするためにはどうすればよいか、研究することにしたのです。

その結果、回転による振動なので、回転軸と直角方向の振動（横振動）による負担が大きいと思い込んでいたのですが、実際には回転軸方向の振動（縦振動）

が発生して、これが軸受の寿命を短くしていることが分かりました（図3）。

研究成果として、回転軸方向の振動の衝撃を弱めるような改善策を提案しました。それがどのような評価だったのか、公開されるものではなかったのですが、研修後の発表会が終わったあと、当時の上司から「意外と好評価だった」と教えてもらい、とても嬉しく思いました。

特許を取る技術を習得する

また、日立製作所のような民間企業では、新規技術の特許のほかに、防衛のた

【図3】回転陽極X線管の断面図

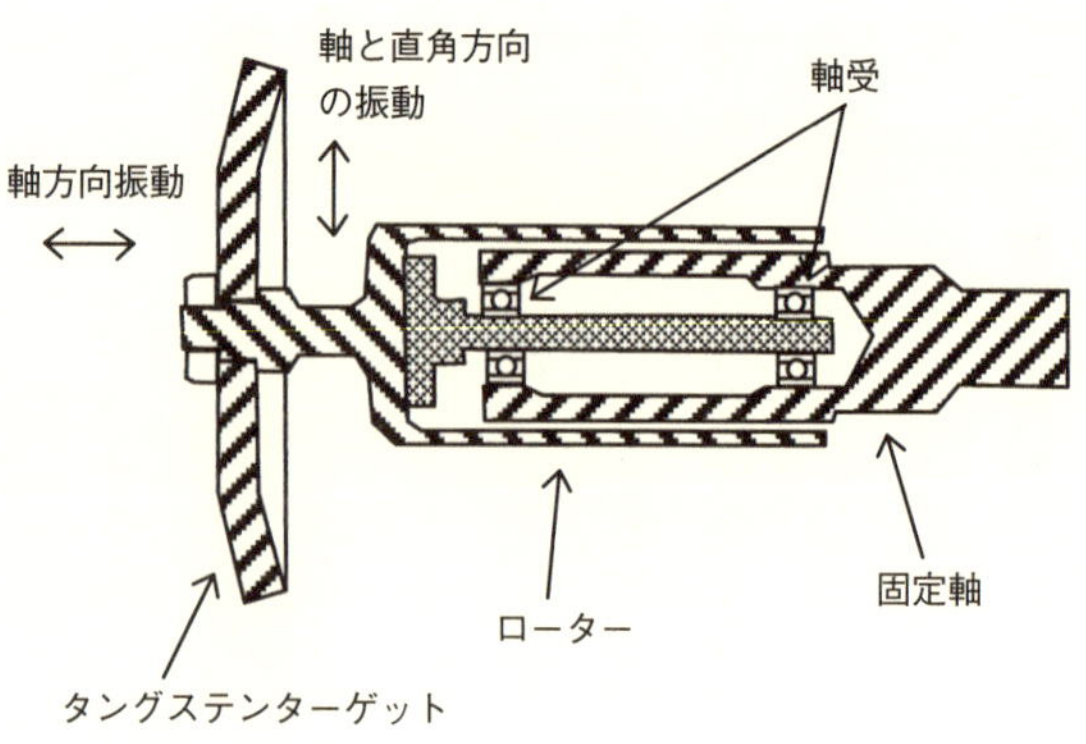

めの特許を積極的に取得します。技術的に重要なものではなくても、他社に特許として取られて、自社で製造ができなくなることを防ぐために、先回りして特許申請を行うのです。その後、研究者として国内特許43件、国外特許４件を取得することとなりましたので、それもこの日立時代に、特許の重要性を叩き込まれた経験があったからこそだと思います。

最近では、学会発表よりも特許の数のほうが、研究者としての評価が高くなる傾向が出てきているため、「学会発表する前に特許申請を出せ」と周りの人にもしつこく言っています。さらに、「研究したければ自分でお金を稼げ」という時流もあるので、「お金を稼いで研究資金を集める」という意味でも、発明者にロイヤリティがもらえる特許申請が重要なのです。

ある人は、「福井さんがそこまで言うなら特許申請を出しましょうか」と渋々出していましたが、今頃になって「特許を取る価値が分かりました」と言っています。

このように顧客志向や商売センスのようなものを、民間企業に就職することによって、学ぶことができたのです。

「もう一度大学に戻って勉強したい」

ただ、会社に入って3年も経つと、もう一度大学に戻って勉強したい気持ちが日に日に強まっていきました。

大学を卒業する頃には、「どうせ働くならきちんとした企業に入ったほうがよい」と思って民間企業に入りましたが、毎日ルーチンワークで忙しく、勉強する時間がなかなか取れないことに、危機感を持ったからです。

あるとき開発部の主任技師に呼ばれ、「逆さコマの動きの解析方法を教えてほしい」と相談を受けました。私には勉強不足でとても教えられないと思い、「やったことがなくて自信がありません」と言って引き下がりました。しばらく経って、また同じ主任技師に呼ばれて、「ダイキャストで作りたいものがあるが、その方法を教えてほしい」と言われました。以前の解析問題よりもさらに知識がなかったため、「今回も残念ですが、分かりません」と返事をしたところ、「何だ、大卒なのに何も分からないじゃないか！」と言われてしまったのです。

悔しいけれどもその通りだったので、言い返す言葉がありませんでした。勉強不足を痛感し、悩みは深まるばかりでした。

目が痛くて開かない……

そうこうしているうちに、急に目が痛くなり、長時間目を開けることができなくなってしまいました。

会社からは「医者に行って調べてもらいなさい」と言われ、医者には行ったのですが、「どこもおかしくない」という診断です。そうすると会社側は、「目が痛くて仕事ができない」という私の訴えを、今度は信用してくれないのです。

仕方がないのでしばらく休暇を取って、九州の実家に戻ることにしました。

親元に帰ってからも、あちこちの病院に行きましたが、診断結果は同じでした。

両親がいろいろな人に相談したところ、「どのような病気でも治す、非常に評判の良い鍼灸師《しんきゅうし》がいる」と聞き、藁《わら》にも縋《すが》る思いでその鍼灸院に行きました。

私の目を見るなり、こう言い放ちました。「これは大変だ。死人の目をしている。よくここまで来れたね。これは治るのに時間がかかるよ」。

大変驚きましたが、異常事態であることをやっと認めてもらえたことに、ほっとしたことを覚えています。

70歳はゆうに越えていそうな女性の鍼灸師でしたが、3カ月ほど通院したら目を開けられるようになったのです。その方に「会社が合わないのかもしれないから辞めたほうがいいよ」とアドバイスされたこともあって、会社に戻って半年くらい経ったときに、思い切って退職しました。

その後10年以上にわたり、疲れたようなときに「会社を辞めて無職になって、将来大丈夫だろうか」と自分が悩んでいる夢を、何度も見ることになりました。

今と違って、当時は転職など滅多にない時代でしたから、会社を辞めるという決断はそうとう勇気が要りますし、結論を出すまでの間、ずいぶん不安や悩みで心労したのです。

研究者時代

自分自身を見つめ直した時期

会社を辞めたあと、京大の研究室の教授のところへ「研究生として籍を置かせてほしい」と頼みに行くと、「普通は辞める前に相談するものだよ」と、さすがに驚かれましたが、快《こころよ》く受け入れていただき、1年間お世話になりました。

この京大研究生時代に強く印象に残っていることは、京都のあるお店で見つけた「阿弥《あみ》陀経《だきょう》」の掛け軸です。839文字の経文によ

自作した実家の「阿弥陀経」掛け軸

って、「南無阿彌陀佛《なむあみだぶつ》」という文字を抜き字で表した作りが気に入ったのです。

しかし、私にとっては高価だったので、買わずに自ら作ることにしました。方眼紙を使って配置やレイアウトを考え、なんとか完成させることができました。何枚も作って下宿している家主さんにあげたところ、大変喜ばれたので、実家にも一つ送りました。

さらにこの頃は、少し体も鍛えようと思い、少林寺拳法を始めました。今更ですが、出身高校の校風が「質実剛健」「文武両道」だったのが、なんとなく気になっていたのです。京都東本願寺《ひがしほんがんじ》の正面近くにある詰所《つめしょ》（本願寺へ参詣する信徒の簡易宿泊所）に下宿していたので、同じ詰所にいる下宿人も誘って、東本願寺の境内《けいだい》で練習しました。

大学院に入ると同時にやめてしまいましたが、この時期は、自分を見つめ直し、鍛え直す時期だったのではないかと思います。

ついに東京大学の大学院へ

研究生をやりながら大学院入試に向けての勉強をして、翌年に東京大学大学院に入学しました。新しい経験をしたいというわがままを認めてもらい、その研究室には残らずに、京都から東京に移ったのです。

東京大学大学院では機械工学専門課程に入りました（今は専攻と言いますが、昔は専門課程と言っていました）。

東京大学の大学院に入って最初の1年は、日立で仕事をしているときに機械の設計をしていたため、関心が高かったこともあって、設計支援ツール「CAD（キャド）」（注9）の研究に取り組みました。手書きの設計図面を機械で読み取って、それを変換するような技術の開発を行いました。

その一方で、集団検診で結核の徴候である異常呼吸音を持つかどうかのスクリーニング検査についての研究をしました。その当時の指導教官が、東京大学大学院があった文京区本郷から数キロメートル離れたところに位置する東京女子医科大学と、共同研究をやっていたのです。

はじめは一緒に打ち合わせに行きましたが、指導教官は忙しくて研究にずっとかかわることができないため、基本的には大学院生が話し合いながら研究開発をやりました。「一般の人でも結核の徴候を持つ人を、早い段階でスクリーニング・チェックできる機械装置を開発できないか」というテーマで研究をして、修士論文をまとめました。当時、結核の徴候となる複数種類の異常呼吸音が混在している場合には、自動判別が難しかったのですが、8割程度の成功率で、自動判別できる方式を開発することに成功しました。

通商産業省傘下の研究所へ再就職

大学院を卒業したあとは、通産省製品科学研究所に入ることになります。

新たにできた筑波研究学園都市のなかに、当時の通商産業省工業技術院傘下の研究所のうちの八つの研究所が移転し、そのなかの一つである製品科学研究所（製科研）に再就職したのです。

他の研究所が、おもに産業界や学界からの視点で工業技術の研究をしていたのに対して、この製科研は使う人間の立場から工業製品を研究するという、ユニークな研究所でした。途中組織変更で名称が生命工学工業技術研究所に変わりましたが、それも含めると１９８０年から１９９８年の18年間にわたって、お世話になりました。

80年代には、コンピュータで３次元形状を表す方法が非常に複雑だったので、簡単な入力をするだけで、複雑な構造にデータ変換してくれるようなものをなんとか作りたいと思い、その研究を行いました。

また、この頃はコンピュータの普及によって、目の疲れが世間で話題になっていましたので、目の疲れを測定する装置「３次元オプトメータ」を開発しました。小さな頃から得意だった光学装置作りの経験と知識が生きて、さまざまなアイデアが閃《ひらめ》き、世界初の光学装置を開発することができました。今までの研究のなかで、最も思い出に残っています。

世界に先駆けたバーチャルリアリティの研究

さらに研究所時代には、当時話題となっていた、バーチャルリアリティの研究をしました。バーチャルリアリティは、情報工学のなかの最先端科学の一つで、簡単に言うと物が実在するかのような感覚を生み出す技術です。子供の頃から〝錯覚の実験〟をしていたので、この分野に向いていたのではないかと思います。

バーチャルリアリティのなかでも、世界的に少なかった「力覚《りきかく》」の錯覚についての研究を行いました。力覚におけるバーチャル感覚を生み出すことに成功し、医療分野などさまざまな場面で応用できる、社会的にも貢献度の高い成果を出すことができました。

手が物に触れたときの「手ごたえ」を人工的に作り出すことができるので、医療分野ではニーズのある、難しい手術の練習装置などの開発も可能です。医療分野における応用例として、副鼻腔炎《ふくびくうえん》（蓄膿症《ちくのうしょう》）の内視鏡下手術がスムーズにできるような、支援システムの研究を行いました。

私が取り組んできた専門的な研究については、代表的なものを第4章にまとめて紹介していますので、ご興味がある方はぜひそちらをご覧ください。

大川総裁の仏法真理との出合い

実は、大川総裁の仏法真理と出合ったのも、この通産省の研究所時代です。独身だった友人に「結婚したらどうか」と勧めにいったら、「それよりもこの本を読んでごらん」と言われたのがきっかけです。

渡された本4冊『太陽の法』『永遠の法』『黄金の法』『釈迦の本心』を、帰宅して読み始めると、私は冒頭から衝撃を受けました。宇宙はどのようにできたのか、人類はいかにして誕生したのか、あの世はあるのかといった、子供の頃から考えていた疑問に、次々と明快な答えが示されていたからです。

それからは、仕事から帰ると夢中で幸福の科学の本を読みました。読み始めると面白くて途中でやめられず、1日1冊のペースで夜もずっと読み続け、4日後には激しい睡眠不足に陥ったことを覚えています。

大川総裁の著書『神秘学要論』（112ページ）に、以下のようにあります。

幸福の科学大学をつくるに当たって、教授陣の募集をしても、理系の未来産業学部の学者には、信者がかなり多いという結果が出ています。幸福の科学の職員が一名ぐらいはいたかもしれませんが、それを除けば、ほとんど現役の学者のような方が理系学部には集まっているのです。

要するに、理系のほうが、意外にスパッと信じてきているところがあり、これは、当会の本がそうとうロジカルであることを意味しています。理系の頭で読んで、非常に論理的であり、ズバッと述べているので、とても分かりやすいのでしょう。

大川総裁が指摘される通り、書籍を読み進めていくと、パズルのピースをあてはめていくように、大きな世界観が徐々に見えてくるような感動を覚えました。論理的な矛盾がまったく見つからず、極めてロジカルで知的な内容に、深い確信を持ちました。

その後、幸福の科学に入会。科学者たちの集まりや支部の集いに参加して、みんなで仏法真理の学びを深め、今後の科学者はどうあるべきかなどについて、熱く語り合いました。大川総裁の講演会にもたびたび参加し、東京ドームでの講演はすべて参加しました。

大川総裁の仏法真理は、私が携わってきた自然科学の世界を完全に凌駕《りょうが》し、包括していましたので、この新しい知識は、私の研究分野をも大きく変えてしまうことになります。

当時は、人工知能が大変注目されていました。人工知能という言葉の意味は幅広いのですが、私が考えていたのは〝人間の心〟のようなものです。当時の私は、「人間の記憶力に相当するくらいの容量を持ったコンピュータができれば、人間と同じように考えることができるのではないか」と思い、人間の頭脳と同じような発想力、想像力を人工的に作り出すシステムの構想を持っていました。

しかし仏法真理を学んで、人間の本質は仏によって創られた「心」であり「魂」であることを知ったのです。それ以来、私は、「人間に取って代わるコンピュータではなく、人間に奉仕するコンピュータを作ろう」と研究方針を変え、さまざまな研究を進めました。

誘いを受けて筑波大学へ

1998年からは、筑波大学でお世話になることになります。ある研究会で知り合った筑波大学のある教授に、「来ないか」と誘われたことがきっかけです。

実はその数年前、1年間ほど霞が関に併任《へいにん》で行政官として赴き、通産省の仕事に携わっていました。当時、通産省では、民間企業の研究機関や傘下の研究所からメンバーを募り、大きな単位のプロジェクトを実施しており、その事務的な取りまとめや、予算配分などの実務を手伝う仕事をしていたのです。

人手が足りないこともありますが、通産省が研究行政を理解させるために、毎年交替で傘下の研究所の研究者を、霞が関の本省に呼んでいたのです。

この期間は、忙しくて研究がほとんどできなかったため、だんだんと研究の勘が狂っていきました。現実的な実務仕事をやり過ぎて、創造的な思考ができなくなってしまったのです。そんなときに声をかけていただいたので、「いい機会だから環境を変えてみよう」と、お誘いを受けることにしました。

筑波大学研究室にて

筑波大学では、「国際総合学類」という、文系と理系を併せて教えるような学科に所属することになりました。はじめは少し戸惑いましたが、後々、理系と文系の異種結合の良さを感じるようになりました。就職の実績がとても高い学科で、良い人材が数多く輩出されているように思います。

大学と通産省の研究所との一番大きな違いは、当時、基盤校費が経常研究費に比べて少ないことでした。大学に移ってからは、すぐには研究所のような大きな予算が獲得できなかったので、本当にアイデア勝負の世界でした。

筑波大学での代表的な研究としては、学生と一緒に頭をひねって考えた「ジャイロキューブ」の開発が挙げられます。これは、人間の感覚特性を利用することで、人工的にさまざまな感覚（イリュージョン効果）を与えることができる、世界で初めての斬新な装置です。

着想のもとは、アニメ「ど根性ガエル」のピョン吉です。ピョン吉は、主人公のTシャツを引っ張って、道案内をしてくれますが、「そのような装置があったらいいな」と思ったのです。「ジャイロキューブ」を携帯電話に実装すれば、そのままピョン吉のようにはいきませんが、人工的に力覚を生み出して目的地までナビゲーションすることが可能です。

まだバッテリーの問題で実装されていませんが、そんな携帯電話が発売される日も来るでしょう。ジャイロキューブは、今では指先大まで小さくなっており、徐々にいろいろなものに実装することが可能になっています。

幸福の科学大学の開学に夢を託して

２０１４年４月、長年の地道な研究成果が認められ、筑波大学の名誉教授の称号をいただきました。そのすぐあと、冒頭でも述べたように、現役教授としての生活を終えて、「さて、これから本当にやりたい研究を始めようか」と考えていたときに、幸福の科学大学の学長のお話をいただきました。「もしかしたら、このために今までの人生があったのかもしれない」と深く感じるところがありました。

学長がいかに大変な仕事かは分かりますから、幸福の科学大学の学長のお話をいただいたあとは、自分に受けられるだけの器があるのか迷う気持ちもありましたが、今では「何としても実現させないといけない」という強い使命感を持っています。筑波大学教授時代に、一緒に幸福の科学の活動をした筑波大学の学生たちも、新しい大学の理念に賛同して、スタッフとして集まってきており、とても頼もしく思っています。

２０１４年8月には、幸福の科学大学の開学準備に向けて本格的な仕事が始まるに当たって、地元支部の会員のみなさんに壮行会をやっていただきました。そこで、ネクタイを2本もプレゼントしていただき、大変恐縮してしまいました。いつも支部まで片道17キロ約50分の道のりを、運動を兼ねて自転車で行くことが多く、そのためにラフな格好で行っていたものですから、「学長らしくきちんとしなさい」ということかと思い、身が引きしまる思いでした。

九鬼一・幸福の科学大学総長（就任予定）と

これから、第1章で述べたような、自由性や合理性を大事にする新しい教育の実現に向けて、できるところまで頑張りたいと思っています。そして、さまざまな未知の分野にも、偏見を持たずに取り組んでいきたいと思います。

（注1）見かけや形は原物そのものではないが、人工的に原物と同じような効果を発生させ、対象者に原物と同様の感覚を与える技術のこと。

（注2）視覚における錯覚。形・大きさ・長さ・色・方向などが、ある条件や要因のために実際とは違ったものとして知覚されること。

（注3）アマチュア無線とは、金銭上の利益のためではなく、無線技術に対する個人的な興味によって行われる通信、または自己訓練や技術的研究のこと。

（注4）学生によって組織された社会的・政治的運動。昭和30年代に日米安保条約反対闘争などを巡って運動が過激化。１９６９年1月には学生４００名が東京大学安田講堂に立てこもり、機動隊と衝突する「安田講堂事件」が起こった。

（注5）ある変化する数列・関数などの量が、一定の規則のもとに、ある確定した量に限りなく近づくときの値（新村編，1991）。
（注6）無機化合物を研究対象とする化学。
（注7）試料物質に含まれる成分の元素やイオン・原子団《げんしだん》などを化学反応などによって調べる分析。
（注8）電動機のローターと一体化してベアリングで真空中に支え、管外のコイルの作る回転磁界により高速回転し、ターゲットの局部的な加熱を防ぐものが多い。X線透視撮影やCTスキャンなどに広く使われている。
（注9）Computer Aided Design の略称。建築物や工業製品等の設計に用いるソフトウェアのこと。

第3章

「未知」への挑戦

霊界科学のすすめ

現代科学は万能なのか？

自然科学が現代の文明の発展に与えた影響は極めて大きく、今も科学技術の進歩には目を見張るものがあります。

科学の発展により、交通手段は発達し、今日《こんにち》では一日あれば地上で行けない場所はほとんどないような時代になり、宇宙旅行の実現も目前となっています。医療技術も発達し、人類の平均寿命は一昔前と比べても、明らかな伸びを示しています。機械の開発によって人々はずいぶんと利便性のある生活を享受しており、古代の人々からすれば、まさに「神の領域」と崇《あが》められるような科学技術を得たと言えましょう。

また、「この世の摂理に迫り、真理を明かす」という側面からすれば、科学がある意味で、宗教に代わるもののように思われている節もあるのかもしれません。

これには17世紀のコペルニクス（注1）やガリレオ（注2）らによる科学革命（注3）以降、宗教からの脱皮が近代化であると謳《うた》われ、宗教と科学が対立的関係に置かれたことの影響も多分にあるでしょう。

そして、その結果、人々は科学的方法論によって解明できないことは何もないような気持ちになり、自分たちが神に成り代わったような気にさえなっているのではないでしょうか。

しかし、私はそこに人類の科学に対する誤解があるように思うのです。

いくら科学の進歩が目覚ましいとはいえ、この世界において解明されていないことはたくさんあります。

たとえば、その一つに「臨死体験」という現象があります。脳波がフラットな状態で手術されているにもかかわらず、自分が施術されているときの様子が見え、それを詳細に記憶しているという患者の実例などが報告されているのですが、脳科学の理論では、それを「脳がつくり出した映像」として説明できないので、解明に行き詰まっています。

また、私たちの住むこの宇宙空間に関しても、ダークマター（注4）やダークエネルギー（注5）など、解明できていないことは数多くあります。

いくら科学の進歩が目覚ましいとはいえ、今日私たちがこの世界について知っていることは本当にごくわずかであるのです。

科学のなかにも「神秘性」がある

生命にしても、宇宙にしても、私たちの生きるこの世界は、途方もない神秘性に包まれています。私自身、実際に研究者として科学の進歩に取り組んでいるなかで、この世界の不思議さ、神秘性に心を打たれてきました。そこに、人智を超えた大いなるものの存在を垣間見る思いがします。

数学の世界のなかで見出される「美しさ」も、その一つです。

フランスの数学者、アンリ・ポアンカレ（注6）は、「科学者は美のためにこそ、苦しい研究に身をささげるのである」ということを述べていますが、私も同様のことを感じています。数学の「美しさ」のために研究を志した人は、数学者のなかには数知れないのではないでしょうか。

たとえば、数学的に特筆すべく美しい定理として有名なものに「オイラーの等式」というものがあります。オイラーの等式は $e^{i\pi}+1=0$ と表されますが、この式に登場する「ネイピア数」（注7）、「虚数《きょすう》単位」（注8）、「円周率」はそれぞれ解析学、代数学、幾何学《きかがく》の分野で独立に定義されたもので、いずれも各分野において今日、語り尽くせぬほど重要な役割を担っているものです。オイラーの等式は、「お互いの起源がまったく関係のない三つの特殊な数の関係は、これほどまでに簡潔な数式で

レオンハルト・オイラー　1707～1783。スイスの数学者・物理学者であり、天体物理学者でもある。「解析学の化身」と言われる。

表される」ということを意味しているのです。

オイラーの等式は、今日の物理学や工学の世界において大変な利便性を発揮している数式の一つであるので、その利便性ゆえにこの数式に思い入れがある方もいるかもしれません。しかし、この数式が人々を魅了する一番の理由は、その神秘的な美しさにあると思っています。

この数式が成立することの証明自体は、大学生でも可能です。しかし、「では、いったいなぜ、まったく異なる起源の特殊な数同士が、このような関係になるのか。その意味は、いったい何なのだろうか」ということの説明は尽きません。

科学は本来、曖昧《あいまい》さを嫌うものであるのに、そこに説明のつかない美しさや神秘が数多く存在しています。それらは、真なる世界観に至る手がかりとして、輝きを放っているように感じるのです。科学を究めていくには、人間を超えた大いなる神仏の存在について考えざるを得ないと思います。

科学といえば無神論の立場のように考える人も多いと思いますが、本来、科学とは宗教と矛盾するものではないと思うのです。この、科学に垣間見られる神秘性のなかに、現代科学が限界を突破していくヒントがあると確信しています。

科学と宗教が離れていった「思想的背景」

しかし、今日のように近代科学が発達してきた背景には、科学と宗教が切り離されてきた歴史があります。

ここで、近代の自然科学のあり方について、おもに思想の面から振り返り、科学と宗教の関係について考えてみたいと思います。

中世のヨーロッパでは、カトリック教会に反する思想を発表することは重大な犯罪でした。

たとえば、神学上は「地球が宇宙の中心であり、太陽も他の星々も地球の周りを回っている」とする天動説が正しいとされていたために、「太陽が中心である。

地球は、太陽の周りを公転している」とするコペルニクスの地動説を広めようとした者は宗教裁判にかけられ、ジョルダーノ・ブルーノ（注9）という学者は火あぶりになり、ガリレオは裁判で自説を撤回させられています。

科学が進歩するためには、科学がカトリック教会の支配から自由になることが必要であり、科学革命は科学がカトリック教会の支配から自由になっていく過程でもあったのです。

科学がカトリック教会の支配から自由になったきっかけは、実は、思想にありました。それは、「物質と精神を分ける」という考え方で、「二元論」とも呼ばれています。この考え方のおかげで、科学者は物質の世界の探究に専念できるようになり、画期的発見が相次いで、近代科学がおおいに発展したのです。

その一方で、「物質と精神を分ける」という考え方は、唯物論者たちの手によって、「この世界の法則は、神仏の存在を持ち出さなくても、すべて説明できる」という思想にすり替えられていきました。この二元論の「悪用」のために、近代以降、科学は唯物的になってしまったわけです。

しかし、二元論は本来、唯物論を助長することを意図して説かれた思想ではありません。デカルト（注10）は、二元論を説いて近代科学が発展する土台をつくったと言われていますが、彼自身は大変信仰心が篤い人で、むしろ唯物論を否定するための思想を説いていました。

有名な『方法序説』でも、この世の自然法則について、「神が今この世界を維持している働きは、神が世界を創造したときの働きとまったく同じ」と述べ、魂については、「たとえ身体（物体）がなかったとしても、完全に今あるものである」と、霊魂不滅を主張しています。

デカルトにとって二元論は、信仰と科学を両立するための思想であったと言えます。

科学革命の主役であるニュートン（注11）も、「物質」と「目に見えないもの」を分ける二元論の立場でニュートン力学を打ち立てていますが、彼は同時に、この世界を創造された神への畏敬の念を常に持ち続けていました。

二元論によって科学はおおいに発展しましたが、やがて二元論が「物質の世界だけで、この世界のすべてが説明できる」という考え方にすり替わったために、「科学は万能である」と考えられ、科学が宗教を否定する時代が到来したのです。

「物質」と「目に見えないもの」を切り離していては、科学は進歩しない

「物質」と「目に見えないもの」をきっちり分けるデカルトの二元論の影響は、今日の自然科学の考え方のなかにも、まだまだ強く残っています。しかし、20世紀に「量子力学」が出現してからというもの、そうした状況も大きく変化し始めました。

その量子力学の発展に大きく貢献したものの一つが、アインシュタインによる

「光量子《こうりょうし》仮説」です。

この「光量子仮説」が明らかにしたことは、「光には、『粒子』としての性質と、『波動《はどう》』としての性質の、二面性がある」ということです。つまり、光には、「粒子」という性質もあれば、目に見えない「波動」としての性質もある、ということです。波動とは、分かりやすく言えば、目に見えないエネルギーということです。

アルベルト・アインシュタイン
1879〜1955。ドイツ生まれの理論物理学者。特殊相対性理論および一般相対性理論を提唱するなど、多くの業績により「20世紀最大の物理学者」と称される。

アインシュタインといえば、その「特殊相対性理論」（注12）および「一般相対性理論」（注13）の実績があまりに有名な方ですが、実は彼が1921年にノーベル物理学賞を受賞したのは、この「光量子仮説に基づく光電《こうでん》効果の理論的解明」によるものです。

19世紀後半は「光は波動である」という考え方が常識でした。しかし、「光は波動である」と考えると、どうしても説明のつかない現象があったのです。それが、「光電効果」（注14）という現象です。この現象を解明するため、当時の名だたる科学者たちは、威信を賭けて議論を戦わせていました。そうしたなかで、特許局職員であり、物理学の世界ではまったくの無名だったアインシュタインが、まさに〝コロンブスの卵〟的発想によって「光には波動の性質もあれば粒子の性質もある」とする仮説を提唱したのです。その説は、後にミリカンによる検証実験によって実証されました。

また、1924年にド・ブロイによって、「波動と考えられていた光には、物質としての性質もあった。ならば、物質と考えられている電子にも、波動の性質があるのでないか」という旨の仮説が立てられ、後にデヴィッソン、ガーマーによる検証実験（注15）によって、「物質にも波動の性質がある」ということが確認されました。

当時、ニュートンによる古典力学は絶対的な真実であり、もはや完成の域に達した学問と言われていました。しかし、その物理学において、未開の領域が広がっている現実が明らかにされたのです。

これらの量子力学の実験的証明により、「目に見えないものの存在を考えなくても、すべて説明がつく」という考え方が揺らぐことになりました。

物理学も、「目に見えないもの」の探究に入っていく

今日の科学では、「目に見えない世界」の存在を前提とした科学観が築かれつつあります。

これは古代ギリシャ哲学や仏教などの東洋宗教思想においては、古来、直観的に理解されていた考え方ではあります。たとえば仏教では「空《くう》の思想」（注16）で考えられていたことですし、哲学ではプラトン（注17）の「目に見えない『イデア』こそが真の実在であり、この世はその影に過ぎない」という思想に近いもの

です。

心理学の世界では、「魂の医者」と称されるユング（注18）は、人間の心の研究を通して、「魂の存在」「神の存在」に踏み込んでいることが窺《うかが》えます。たとえば、ユングは分析心理学において「集合的無意識」という概念を提唱していますが、集合的無意識の概念とは、「人間の無意識の深層には、個人の経験や記憶の領域を超えてすべての人類と結びついている普遍的な魂の領域が存在する」というものです。そうした魂の領域は、霊的世界の存在なくしては説明がつきません。

一方でアメリカの理論物理学者デヴィッド・ボームは「目に見える宇宙（明在《めいざい》系《けい》）は実は単独に存在するのではなく、その背後に、もう一つの目に見えない宇宙（暗在系《あんざいけい》）の秩序がある」と主張しています。この理論も、この世を超えた目に見えない世界の存在を前提とするものです。また、仏教の唯識《ゆいしき》（注19）の考え方とも共通点が多く見られ、ユング心理学の集合的無意識の世界を連想させるところがあります。その彼も実は「21世紀においては、宗教と科学が一つのものとして研究されるようになる」ということを考えていたのです。

このように、量子力学の出現以来、「物質の世界の背後には『目に見えない世界』が存在し、相互に関係し合っている」という自然観が再興しつつあります。現代は、まさに「科学」と「宗教」の境界が溶け去っていくことで新たなパラダイムが誕生しようとしている時代なのです。

科学のフロンティア――「霊界科学」

ここまで自然科学と神秘性、二元論の限界や「科学」と「宗教」の融合について述べてきました。

本節では「霊性《れいせい》」に対してアプローチする科学、また、「霊性」がもたらす科学の進歩の可能性について考えていきたと思います。

宗教とは、「死後の世界」や「魂」といった人類の根源的な問いの上に広がるものですが、私はそうした「霊性」にアプローチする科学、また、「霊性」を取り入れた科学を「霊界科学」と呼び、今後の新しい未来科学の分野の一つとして見据えています。

この霊界科学が、私自身がこれから研究者として取り組んでいきたいテーマです。霊界や宇宙の研究は、日本ではまだ怪しげなものと見なされがちです。しかし、歴史上では、クルックスやウォーレスのように、霊界科学、心霊研究に没頭した一流の科学者は数多くいますし、現在も欧米では実際に数多くの研究が真剣になされています。

たとえば、アメリカに「ヘミシンク」というものを実験する「モンロー研究所」では、人工的に「体外離脱」を起こす研究をした人がいます。体外離脱とは、魂が人体から抜け出す現象です。

「真っ暗な部屋に横たわってヘッドホンをつけ、右の耳と左の耳で聴く音のヘルツ数を変えると、体外離脱現象が起き、霊体が抜け出して、いろいろ霊界探訪して帰ってくる」というものです（川上訳，２００７）。

また、理論物理学のジャンルでも、ハーバード大学のリサ・ランドール氏は５次元の世界などに関する理論を提唱しており、「異次元世界」を理論化しています。有名な「ひも理論」（注20）も、次元構造の理論化の一つです。

大川総裁は、多くの著作を通じて、こうした多次元世界が霊的世界であると述べられています。

また、「ワープ理論」というものがアメリカの物理学雑誌「フィジカル・レビュー」にも投稿されており、空間をワープするためには「ワームホールをつくる必要がある」（Michael et al, 1988）と言われていますが、このワームホールにも霊界の存在が関係しています。大川総裁は、ワームホールについて、宇宙人が地球に来るときに「宇宙の中のワームホール、つまり、時空間を短縮できる特別なトンネルのようなものを通って来ているはず」であると説明しています（『不滅の法』１６５ページ）。

このように霊界科学に関する研究は、すでに数多く報告されているのです。

「魂の重さ」を量る研究――魂が離れるとき、体重が減少する！

ここで、私自身が「霊界科学」の一環として取り組んだ「魂の重さを量る」という研究を簡単にご紹介したいと思います。

世界初の魂の重さの計量実験は、１９０７年、アメリカの医師ダンカン・マクドゥーガルによってなされました。彼は、死に臨んだ６人の患者の体重を死ぬ寸前と直後で比較し、魂の重さは約21グラムであることを提唱していますが、その信憑性がないため、その後も同じような試みの実験は21世紀に入った今でも繰り返されています（林訳，２００５）。

私自身も魂の存在が確かめられればと思い、ラットを用いて同様の実験を左記のように試みてみました。

■実験の背景と目的

古来、魂という存在の有無は人類の根源的な問いの一つであった。しかし近代では、科学技術の発展に伴う唯物論の跋扈《ばっこ》により、魂の存在を否定的に捉《とら》える考え方が主流になっている。

アインシュタインの相対性理論では、質量とエネルギーの関係は式 $E=mc^2$（E：エネルギー、m：質量、c：光速度〔一定〕）に示される。つまり物質はエネルギーと等価でいわばエネルギー凝集体であり、プルトニウムのかけらが大量の光、熱、音、そして運動といった、いわゆるエネルギーに変換されることが実験で証明されている。生命の本質である魂が存在し、かつそれがエネルギーの凝集体であれば、エネルギーが凝集した肉体が質量を持つことから、魂も何らかの質量を持つことになる。つまり、魂がエネルギーであるとすれば、その結果として具体的に、その重さを量ることで、魂の存在を証明することができる。ここで質量があるのなら目に見えるはずであると考える人がいるかもしれないが、質量は形を伴って初めて物体となり、目に見える存在となる。この考え方は実際に物理学のニュートン力学において「質点《しつてん》」というものを定義する際に用いられた概念でもある。したがって、形がなくて質量があるといっても、実際に目で見て確認できるということではない。

そこで魂の重さを測定することによって、その存在の証明を試みることにした。

■実験方法

では実際に魂というエネルギーの重さを量るにはどうしたらよいだろうか。これは死によって生物から魂が抜けるときに、重さがどのように変化するかを量ることによって明らかとなる。具体的にはラットに麻酔を打ち、プラスチックの容器に入れて密栓《みっせん》した後、天秤で死ぬ瞬間の体重の変化を計測した。第5週齢《しゅうれい》のラットに致死量の麻酔薬を注射し、直ちにプラスチック容器（約15グラム）に密栓して電子天秤で体重変化を捉え、オンラインで接続されたパソコンに記録した。電子天秤は最大で40グラムまで量れるもので、感度（計量できる最小の重さ）は10マイクログラムである。プラスチック容器に入れたラットは合計7匹用いた。高精度を維持するために、実験室は25度に保ち、エアコンなどの風が電子天秤に当たらないように注意した。

■実験結果

図1に計量装置を示す。典型的な結果の例をグラフに示した。いずれのグラフも1秒間隔で計量された体重の数値データをグラフ化したものである。電子天秤に乗せた直後は、まだわずかに動いている状態であった。計量開始時の体重を基準値として、以降のグラフにプロットした数値は、計量値から基準値を差し引い

た値を使っている。いずれの図でも初期に大きく変動している箇所は、ラットが動いたために発生したものと思われる。そのほかにもごく短時間に0・6〜0・7ミリグラムの変動が垂直な直線状に記録されているが、これは実際の体重の変化ではなく、何らかのノイズだと思われるが、原因は不明である。そのほかにも約0・02ミリグラムの細かな振幅のノイズが常時見られるが、分解能《ぶんかいのう》が0・01ミリグラムであることを考慮すれば、これは避けるのが困難なノイズと思われる。

図2では、おおまかな変化としては、最初は単調減少が約1000秒間続いて、全体で約0・6ミリグラムの減少が見られた。その後は平坦からごくわずかに増加傾向にあるが、1500秒後付近からわずかに減少傾向となっている。よりおおまかに見れば1000秒後以降は平坦とも見なせる。

図3では、計量開始後約100秒間で一気に約0・4ミリグラムの体重減少が見られた。その後は周期が約60秒の間隔で0・1ミリグラム程度の体重の周期的変動が400秒ほど、振幅が減少しつつ継続したが、その後は大きな変動はなかった

【図 1】実験装置と計量されるラット

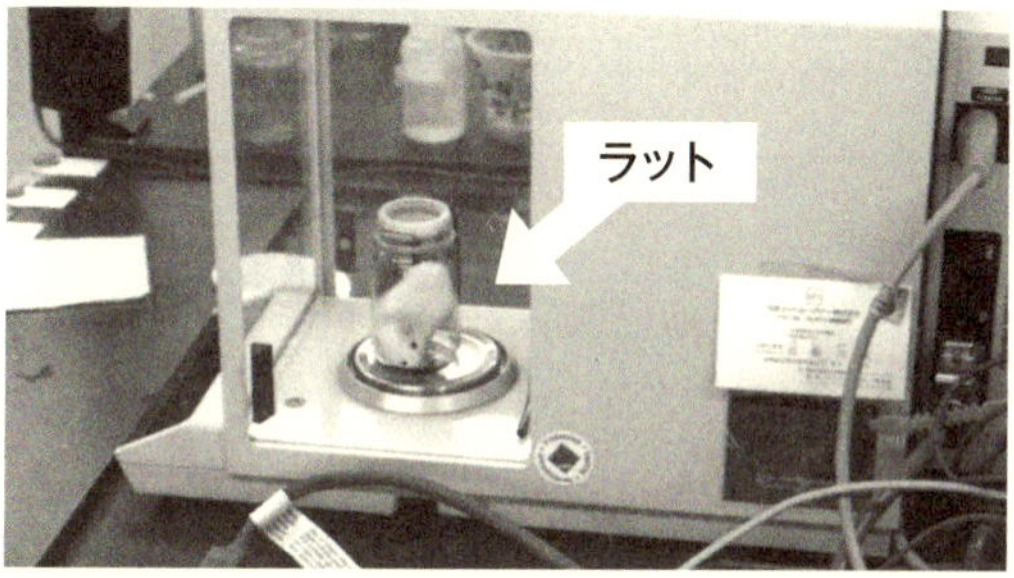

【図 2】体重の推移

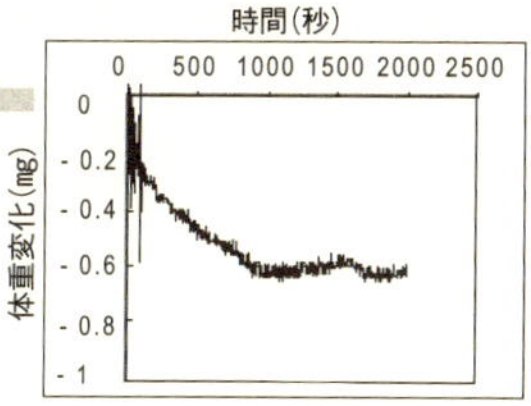

【図 3】体重の推移

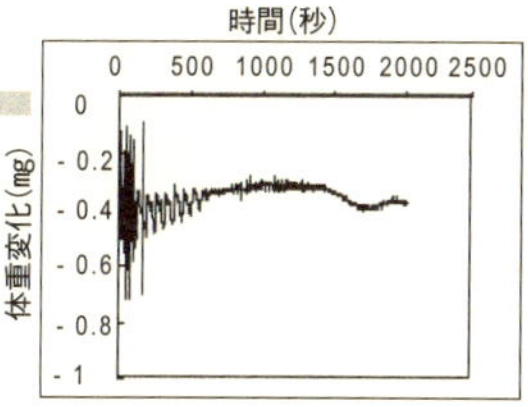

【図 4】体重の推移

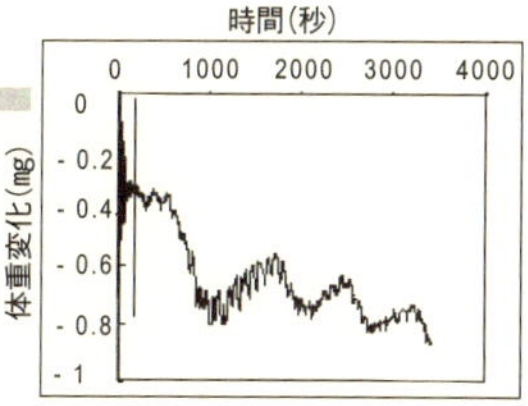

（小さな変動としては、計量開始後1500秒から1800秒にかけて0・1ミリグラム程度の減少が見られた）。

図4では最初の100秒間で一気に0・3ミリグラム減少した後、約1000秒の周期で、振幅が約0・1ミリグラムから減衰していく振動を伴った減少が3000秒以上続いた。

以上の3例のグラフで共通していることは、最初の100秒間で0・2〜0・4ミリグラムの体重減少が見られ、その後は平坦だったり、振動する体重変化が見られた。振動時の周期は60秒と1000秒とが見られた。周期的に変動している間は魂が肉体に入ったり出たりしたのではないかとも推定できる。

これらはラットの体から放散されるものを、すべてカプセルのなかに閉じ込めておくことが可能だったため、死後減少した分の体重は、純粋に魂の重さによるものであると考えられる。厳密には、輻射熱《ふくしゃねつ》として出ていくエネルギーもあると思われるが、同時に環境からの輻射熱もあるので、差し引きゼロに近く、外部に漏れた質量はほとんど無視できる範囲のものと思われる。

■結論

魂の重さを死に至るときの体重変化として、ラットで計量することを試みた。生体から生命が移出するのが生物の死であると考えれば、死を迎えたラットの体重減少は一気に起こるだろうと思っていたが、図2〜図4が示すように、それは急ではなく、時間をかけて徐々に起こるということが推定できた。7例を試した結果、さまざまな体重変化のパターンを示したが、そのなかには百数十秒間で平均的には0・3ミリグラムの体重減少が見られる場合があり、これが魂の抜ける時間と重さではないかと推定できる。

「心のインタフェース」が可能になる

私は、霊界科学に関連した今後のプロジェクトとして、「心のインタフェース」というものを構想しています。

人間の心を「単なる脳の働きではない」と考えれば、人間の心も、量子力学でいうところの「エネルギー」として考えることができます。

そして、一人ひとりの人間が心に抱く、ありとあらゆる思いも、その一つひとつがそれぞれ異なる性質を持っているエネルギーである、と考えられます。

私はこの人間の「思い」というエネルギーを捉えて、そのエネルギーをうまく電子信号に置き換える「心のインタフェース」ができるのではないかと考えています。

人間の発する思いを直接キャッチするようなセンサーを作ることができれば、

たとえばある装置に手を置いて思いを発するだけで機械を動かしたり、意思を伝えたりすることが可能になるかもしれません。

現在は「ブレイン・マシン・インタフェース」（注21）が流行《はや》っていますが、「心のインタフェース」はまさに新時代の「マン・マシン・インタフェース」と言えるのではないでしょうか。

こういった技術の実現は、一般常識からすれば俄《にわ》かには信じられない、と感じられるかもしれません。しかし、「心」の正体が分かれば、可能になるはずです。

たとえば、つい150年ほど前まで、「温度」というものも、感じ取ることはできても、人類はその正体が何であるかは理解できていませんでした。しかし、1860年にマクスウェルによって「気体の分子運動論」が発表され、温度の正体が突き止められると、今日のエアコンのように、温度を自由に扱えるようになったのです。

「電気」も、長らく人類にとって謎の存在でしたが、「電流とは、電荷《でんか》の移動である」ということが分かり、さらにファラデーらによって「電磁気」が解明されるに至ると、電気技術はあっという間に進歩を遂げ、今日では私たちの生活に欠かすことのできないインフラになっています。

「心」も、その正体が何であるかは分かっておらずとも、「心」が確かに存在することだけは知っているはずです。ですから、「心」とは何かが分かれば、人類がそれを使って文明を豊かにする日が来ることは十分に可能性として考えられると私は思うのです。

今現在の常識をもって、目に見えるもの、科学的に証明できるもの以外は「ありえない」と決めつけてしまう癖は、あたら、人生の可能性までをも犠牲にしかねません。

この節をしめくくるに当たり、ＳＦ作家のジュール・ヴェルヌの言葉をご紹介しておきたいと思います。

「誰かによって想像できることは、別の誰かによって、いつかは必ず実現できる」

これからの科学はどうあるべきか

昨今、日本においては「若者の理系離れ」が国家の大きな問題としてしばしば話題にされています。

1960年代半ば頃までは理系ブームで、大学の工学部は大変な人気でしたが、今日では国立大学であっても定員割れ対策に奔走している状態です。

少し古い統計にはなりますが、1997年に国立教育研究所（現・文部科学省国立教育政策研究所）が行った調査のなかで、日本の小学5年生の半数以上が「科学のために世界がだんだん破壊される」「世の中の困った問題の多くは、科学技術が原因になっている」と考えている、という報告がなされています（図5）。

この傾向は、近代科学のあり方に対する次世代からの諫言《かんげん》と受け止めるべきではないでしょうか。子供たちは今日の科学における倫理観や道徳観に疑いを感じ

【図５】科学技術に対する小学５年生の考え方

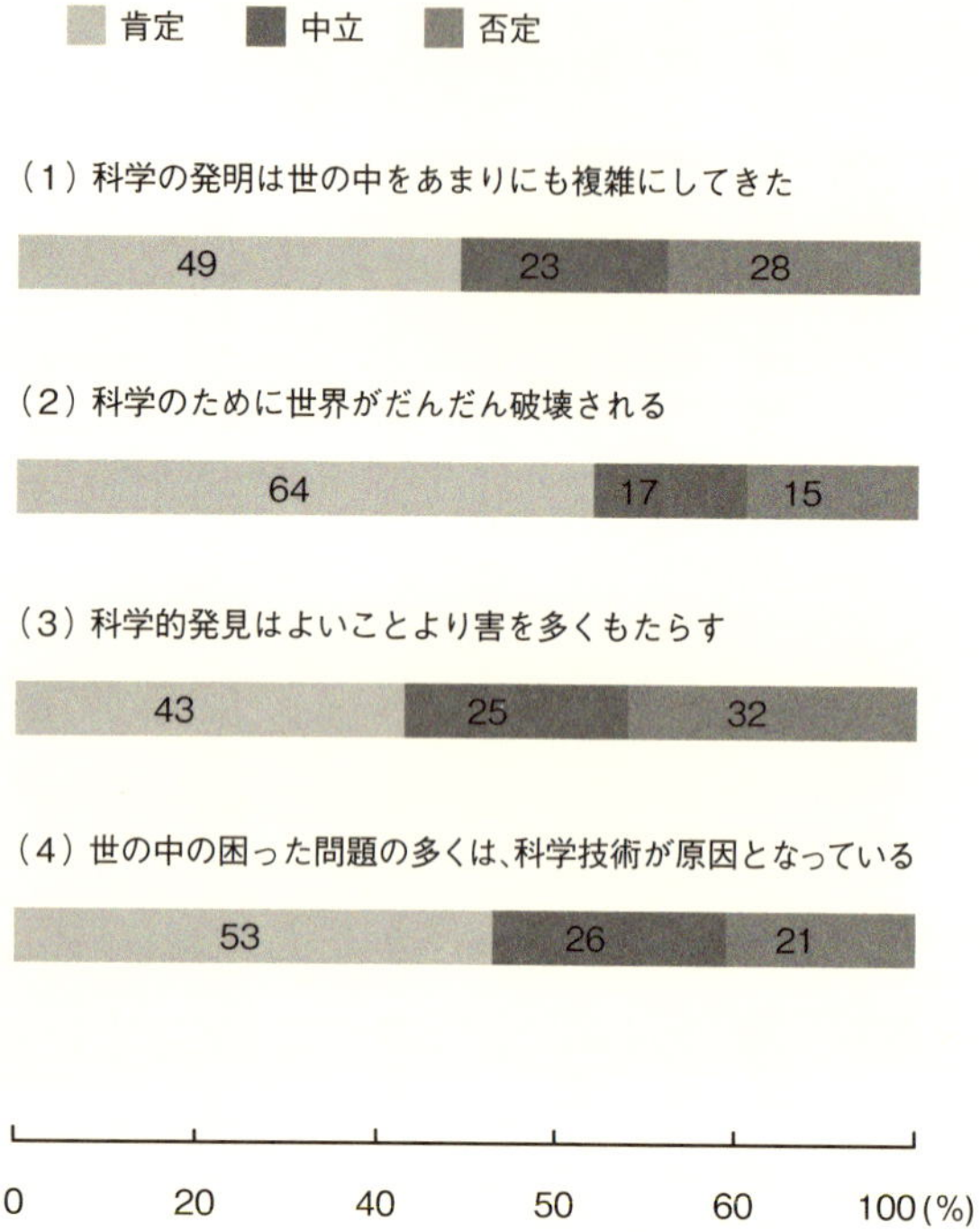

資料：文部省国立教育研究所（現・文部科学省国立教育政策研究所）「異なる学校段階での理数の学習と関心・態度の質的変容に関する継続調査研究」（平成９年３月）、同研究所「理数調査報告書」（平成９年３月）

ているのです。もっとはっきり言えば、これは「子供たちは科学に興味を感じなくなったばかりでなく、科学を悪いものと思い始めている」ということです。この実態の背景には神仏の存在を排除し、「何が神仏から見て正しいのか」という視点が欠落した左翼唯物的教育があるように思います。善悪の視点を無視したままに暴走している科学の危険性は若者の理系離れという問題にも無縁とは言えないのではないでしょうか。

ナチスの軍事技術開発に加担した物理学者フィリップ・レーナルト（注22）は、「力の強い人間なら一人や二人殺せるだろう。しかし、頭のいい人間なら何万人を一度に殺すことができるのだ」と、科学の暴走を象徴するかのような、狂気じみた言葉を残しています。

実は彼自身も科学者としては大変に優秀で、ノーベル物理学賞受賞の経歴があります。しかし、それほど権威のある自分が考えていても分からなかった光電効果を、当時無名のアインシュタインがいとも簡単に解決し、ノーベル賞まで受賞したことに嫉妬して、自らの素晴らしい才能をナチスを支えるために使ってしまったのです。

彼のように、自らの優秀さを「人類を不幸へと導く方向」に積極的に生かそうとするような科学者を生み出してしまったことは、現代科学が物質的発展のみを考え、精神性を無視し続けた罪とも言えるのではないでしょうか。

唯物論の時代は終焉し、これからの科学には物質的な面だけへの貢献に留まらず、それをも超えて、精神性の向上にも貢献するようなあり方が求められているのです。

そして、その倫理観や道徳観の根本にあるものが宗教なのです。人間の世界を超えた偉大なるものの存在を前提とし、その神仏がこの世界に与えられた法則を人類が知りえることができたならば、それはやはり神仏の願われる方向に生かすべきだと考える科学者が世界中に数多く出てくることで、人類の精神性をも育み、人々から期待と尊敬を受ける科学が築かれていくと思うのです。

科学の未来を担う若者たちへ

私はこれからの科学を担おうとする若者たちに、二つのことを伝えたいと思います。

一点目は、どうか「先入観を取り払い、白紙の心でもって世界を見る目」というものを養っていただきたいということです。

「先入観を持たない」ということは、科学者が新たな発見をするために、非常に重要な心構えです。先入観を捨てていかなければ、これまでの科学の限界を超える研究などできません。また、先入観にとらわれていては、実験から予想外の結果が生まれても、「きっとミスに違いない」と思って無視してしまい、新たな発見をするチャンスを見逃してしまうこともあります（ただし、理論と実験結果が合致しない場合に、まずは結果の検証を先行させるという意味での、健全な保守的態度はおおいに認められるべきであると考えています)。

人間は、先入観というものをどうしても持ってしまうものです。生まれ育った家庭環境、学校教育、マスコミなどによって、物事に対して偏った見方をするようになり、そのバイアスがかかった目で、人生を生きていくのです。私自身も、幸福の科学の仏法真理に出合うまでは、そうした自分に気づかずに生きてきました。

さまざまな価値観など、自分がいろいろと吸収したものをいったん取り除き、「白紙の目で、ものを見る」ということを大切にしていただきたいと思います。「如実《にょじつ》に、ありのままに見る」ということを仏教においては「如実知見《ちけん》」と言います。八正道《はっしょうどう》の「正見《しょうけん》」においては重要な考えとなるものですが、どうかこれからの人生を科学の発展に捧げようとされる方々には、「唯物的な先入観を抜きにして、白紙で考える」ということを忘れないでいただきたいと思っています。

二点目は、「寛容な心を持つ」ということを心がけていただきたい、ということです。

この寛容さについて、大川総裁は『トーマス・エジソンの未来科学リーディング』の「まえがき」において、次のように述べています。

「宗教法人『幸福の科学』は、その名の通り、『科学』とも縁の深い宗教である。科学を否定していないばかりか、それを先取りしている。警戒しているのは、『科学』の美名のもとに、『神』や『信仰』『神秘現象』『宇宙の秘密』を一蹴《いっしゅう》し、『宗教』を過去の遺物、迷信と決めつけて無視してくる人たちだ。もっと謙虚で、神秘的なものに憧れるのが本来の科学者気質でありたいものだ。（中略）もっと寛容な心をもって、未知の世界に挑戦しよう」

このように、寛容さは、未知なるものを受け入れるために、特に必要な心構えです。

また、寛容さには、「自分とは違う価値観を持つ人から、新たな考え方を学ぶ」という意味もあります。

私はこれまでの研究者としてのキャリアを振り返ると、自分とは違う考え方をする人の言葉から、研究の壁を突破するヒントや新たな研究のアイデアを得たことが、何度もありました。

自分とは異なる価値観の人の意見であっても、「そういう考えもあるのかな」「そのなかに何か一片の真理があるのではないか」「参考になるものはないか」と考え、聴く耳を持っていただきたいのです。人間、普通は自分にとって都合の良い選択ばかりをするものなので、これは意識して訓練しなければ、なかなか得られるような考え方ではないかもしれません。

自分の考えや価値観だけで杓子定規《しゃくしじょうぎ》的にあらゆるものを裁き、それを受け入れたり受け入れなかったりするのではなく、この世界の多様性を認め、愛する努力をしていただきたいと思っています。

「未知なるもの」を受け入れることが、科学の未来を拓《ひら》く

近年、あるドラマのなかで、「信じることから始まるのが宗教なら、疑うことから始まるのが科学である」という主旨のセリフが言われていました。

そのドラマは、天才物理学者とされる大学教授が、女刑事から怪しげな超常現象がらみの事件で相談を受け、〝物理学的〟にそれを究明し、事件を解決に導くという内容で、主人公に人気俳優を起用したこともあり、映画も製作されるほど、人気を博しました。

このセリフには、今日の日本の常識からすれば「宗教とは如何《いかが》わしいものだから、宗教はまず疑え」という考えが意味として裏に含まれているようにも感じられました。こうした考えが社会に蔓延《まんえん》することによって、科学が真なる科学的態度を失いつつあることを私は危惧しています。科学の根本には本来「未知なるものへの好奇心」があります。自然法則を解明し、「この世を創られた神仏の御心を知りたい」という人間の渇望の連続が科学の歴史であったはずです。唯物論・無神論というのは、「中途半端に解明された真理で満足できる程度の人間が住まう場所」

だと思うのです。その意味で今日の科学のあり方を疑うことも「科学」であると述べておきたいと思います。

映画「コンタクト」には、宇宙人の探索をするための宇宙船への乗組員として、「人類を代表する人を選ぶ」というシーンがあるのですが、そのなかで、「世界の95パーセントは神の存在を信じており、神を信じていない人を人類の代表として宇宙に飛行士として出すことは許されない」という内容の話がありました。「唯脳論・無神論」が完全な真理であるなら、世界の歴史上の宗教も、今現在の宗教もすべてが嘘であったということになりますが、世界の常識はそうではありません。

私は、世界の主要な宗教は何千年にもわたって人類によって守り伝えられ、道徳の基盤にもなってきたものであり、おおいに尊重すべきものだと思います。また、その価値は時代が下《くだ》った今でも、決して下がるものではありませんし、神仏が太古の昔にしか現れないという考えも間違っていると思います。

いくら科学技術が進歩したとしても、そのことをもって、科学が宗教を軽視する正当な理由にはなりえませんし、「神仏や霊界は存在しない」という証明にもならないのではないでしょうか。

宇宙飛行士のなかには、宇宙を実体験したことによって神仏の存在を体感し、この無限の宇宙において、地球人類がどれほど傲慢な考え方をしているかを反省して、現役引退後、宗教家や神秘家に転向する方も数多くいます。

虚心坦懐《きょしんたんかい》に、まず「未知なるものを受け入れる」ということを学んでいくべきではないでしょうか。それこそが真の意味での科学的実証精神ではないかと思うのです。

たとえ自然現象・生命現象のメカニズムを説明できたとしても、科学は、「人類はなぜ生きるのか」「自然はなぜそのようにあるのか」という人間の最も根源的な疑問に答えることはできないのですから。

人間には「知る力」があります。しかし、科学では説明できない世界もあるのだということを素直に認め、謙虚に学んでいく姿勢が、これからの科学の未来を切り拓《ひら》いてゆくものと思います。

（注1）1473〜1543年。ポーランド出身の天文学者。地球中心説（天動説）を覆す太陽中心説（地動説）を唱えた。
（注2）1564〜1642年。イタリアの物理学者、天文学者、哲学者。宗教裁判で迫害されても地動説を唱え続けた。また、慣性の法則を見出す。
（注3）17世紀西欧におけるガリレオやニュートンらによる古典力学の基礎の確立とそれに伴う自然像・世界像の変革。
（注4）宇宙にある星間物質のうち、電磁相互作用をせず、かつ色荷《しきか》を持たない、光学的には観測不可能とされる仮説上の物質。
（注5）現代宇宙論および天文学において、宇宙全体に浸透し、宇宙の拡張を加速していると考えられる仮説上のエネルギー。

（注6）1854〜1912年。フランスの数学者。学際性に富み、物理学、天体力学においても優れた業績を残す。

（注7）自然対数の底。一般に $\lim_{n\to\infty}\left(1+\frac{1}{n}\right)^n$ で定義される。

（注8）マイナス1の平方根である二つの数のうちの一つ。

（注9）1548〜1600年。イタリアの哲学者。コペルニクスの地動説を擁護し、火刑に処せられた。

（注10）1596〜1650年。フランスの哲学者。二元論や機械論的自然観を展開。「近代哲学の父」と呼ばれる。

（注11）1642〜1727年。イギリスの科学者、数学者。ニュートン力学を確立し、近代物理学の祖となる。「万有引力」の発見者。

（注12）アルベルト・アインシュタインが1905年に発表した電磁気学の理論。

（注13）アルベルト・アインシュタインが1915〜1916年に発表した物理学の理論。

（注14）物質に光を当てると、その表面から電子が飛び出してくる現象。

（注15）ニッケルの単結晶の表面に電子ビームを当てることにより、干渉現象が確認された実験。
（注16）おもに大乗仏教のなかで中心的な思想の一つ。唯物論的に解釈されることも多いが、本来は、「この世的な物なるものは、本質的なるもの、実体のあるもの、かたちを決して変えないもの、常住なるもの、実在なるものではない。霊的世界、あの世の世界にあるものこそが実在であって、この世は仮の存在である」（『悟りの挑戦（下巻）』44ページ）という趣旨である。
（注17）紀元前427頃～同347年。古代ギリシャの哲学者。「イデア論」などを説き、西欧哲学に大きな影響を与えた。
（注18）1875～1961年。スイスの精神科医・心理学者。深層心理について研究し、分析心理学を創始した。
（注19）「心がすべてで、それ以外のものは本質ではない」「認識があるからこそ、世界はありうる」とする思想（『「悟りの極致とは何か」講義』79ページ）。

（注20）あらゆる物質の根源に存在する素粒子は粒子のような点ではなく、振動しているひもであるという理論。

（注21）人間の脳波を解析し、それを電気信号に変換することによって機械を制御する技術のこと。

（注22）１８６２〜１９４７年。ドイツの物理学者。熱心な反ユダヤ主義者で、ナチスの軍事技術開発に加担する。

第4章

研究者・福井幸男のプロフィール

第2章でご紹介した通り、私は幼少期より工作や実験が好きで、それは今でも変わりません。そして、飽きもせずに、研究者の道を一途に歩み続けてきたのですが、常に心の奥から突き上げてくる一つの念《おも》いが、それを後押ししてきたと感じています。

その念いとは、崇高な志と言うほどではありませんが、「新しい技術によって、より良い未来を拓《ひら》きたい」「良い物を作って、世の中を便利にしたい」という情熱です。就職をして日立製作所にいたときも、通産省傘下の研究所にいたときも、筑波大学で教鞭を執《と》っていたときも、そうだったと思います。

その結果として、これまでに情報工学（バーチャルリアリティなど）を中心に、国内特許43件、国外特許4件などの研究実績を残すことができています（2014年10月現在）。

そんな私にとっては、携わってきた研究の内容がプロフィールの一部になるかと思います。

そこで、専門的な話が多くなりますが、本章では、ご関心をお持ちの方向けに、その一部を紹介させていただきます。

タブレットによる直観的入力方法の実現
――3次元図形の入出力に関する研究

通産省傘下の研究所に再就職した頃、CADで立体形状をコンピュータで作れる時代となりました。

ただ、その立体形状を作るためのコンピュータへの入力方法が、とても複雑だったので、もう少し簡単な操作で入力することができないかと思い、研究に取りかかりました。

私は、タブレットを用いて平面にスケッチを描《か》いていけば、そのまま3次元化されて、立体形状が自動的にできる仕組みを考えました。ダイヤルを回して視点位置を変えながら、2次元の線画をタブレットから入力すると、それが即座に3次元空間に逆投影されて、立体形状が表現できるような手法を構築したのです。

その過程で、人間が経験的に認識している情報（たとえば、多くの場合に見られる角の直交性や対称性）を利用して、3次元空間に変換するために必要な「奥行情報」を推定するアルゴリズムを新たに開発しました。これにより、矛盾のないデータ構造が自動生成

図形の入出力を試験中の著者

されるようにしたのです。

この操作に使ったディスプレイはEvans & Sutherland社製のＰＳ２（Picture System 2）と呼ばれるディスプレイです。３次元データを直接表示するために複雑な処理ができる機能を表示装置に内蔵しており、歪みのまったくない綺麗な線画が表現できるものでした。当時の日本にはあまり導入されていないディスプレイでしたが、そのような高級な装置が自由に使える環境にいたのは、本当に幸運なことでした。

ちなみにこの装置は、ホストコンピュータにかなりの計算負荷がかかります。当時のコンピュータ環境は、１台の中型コンピュータのＣＰＵ（中央処理装置）を多くの研究員がシェアをして使っている状況でしたので、この3次元データを直接表示できるＰＳ2を私が使う場合は、シェアしている他の研究員には、必然的に非常に処理速度の遅い状態を強いてしまっていました。私は何年もあとになってから、そのことに気づき、大変申し訳ない気持ちになりました。

この研究は非常に煩雑な立体形状の入力を、直観的な操作でできるようにしたという点が有意であったと思いますし、今では当たり前となっている、アップル社のタッチパネル操作などに、通じるものもあったのではないかと感じています。

力覚《りきかく》特性を利用したバーチャルリアリティ技術
――ヒューマンインタフェースにおける操作性の研究

90年代に入ると、バーチャルリアリティ技術が急にブームとなり、世間で話題になりました。私はバーチャルリアリティ技術のなかでも、特に触覚・力覚《りきかく》にフォーカスした研究を行いました。

たとえば、テレビなどは「人間の視覚特性を利用した視覚情報の提示方法」が適用された、身近なバーチャルリアリティの一つですが、私はその原理を触覚にも応用できるのではないかと思いました。

人間の視覚特性を利用すれば、テレビなどのように、実際は小さなドットの集合による表現であっても、それを映像として認識させることができます。コンピュータ・グラフィックスでは、平面であっても陰影をつけると滑らかな曲面を表現でき、立体に見せることができます。また、バンプマッピングと呼ばれる手法では、コインの表面の凸凹模様などまでも、陰影をつけるだけで立体的に表現できます。これらはすべて視覚情報における人間の錯覚を利用したものですが、触覚においても何らかの簡単な方法で、複雑な形状を人間に感じさせることができるのではないかと考えたのです。

そこで、実際に人間の触覚特性をつかむための実験を重ねてみたところ、私は「人間は手で触りなぞることで、ある程度の形が理解できるが、実際には指でなぞったときに感じる形の全体像は、視覚情報が欠落した場合には、あまり正確ではない」という事実に気がつきました。

通常、物体に触れたときには、触った面に垂直な方向に反力《はんりょく》が返ってきます。

物体の表面をなぞる場合は、垂直反力のほかに摩擦力が指に働きます。つまり「人間は、触ってなぞったときの反力の変化情報で、形状を認識している」ということなのです。

そうであれば、ある形を触覚情報として提示したいときに、実際にその正確な形を用意しなくても、おおまかに似ているものを作り、複雑な形状は反力の変化情報を使ってコントロールすれば、表現できるということになります。

そこで、その「反力の方向を強引に変えてしまう」という研究に取り組みました。たとえば、ＣＤの周辺を手でなぞったとき、目で見てなぞる場合には円に感じられますが、目を隠した状態で触った場合、その垂直方向に出ている反力の方向を変えることによって、多角形に感じたり、ひょうたんの形に感じられたりするのです。その特性が奇妙で面白く、一生懸命に実験で調査しました。

この結果によって、機械やコンピュータが一定の形状を触覚情報で提示したいときに、おおまかな形状成分と複雑な形状成分とを大雑把に分けて、おおまかな成分は位置情報で提示し、細かな部分は反力を使って表現すれば十分であることが分かったのです。

分かりやすい事例として、六角形と円の違いを触覚的に提示する場合、位置情報はどちらも円に設定し、六角形と認識させたいほうの反力方向を若干修正しておけば、それで十分に六角形として認識させることができます。複雑なデータ構造を持たなくても形状が表現できるということです。

このような提示方法は、当時はまだその名が存在していない時代でしたが、現在はフォースシェーディングと呼ばれ、多くの技術に応用されています。これは人間の知覚特性を利用した錯覚による技術の一種と言えます。

この触覚に錯覚を起こさせる技術は、たとえば、医療分野などで応用が可能です。手ごたえを疑似的に作り出せるため、難しい手術を練習するような設備が作れるのです。

「目の疲れ」が計測できる装置を発明
——3次元オプトメータの開発

1980年代にオフィスにコンピュータが導入され、一気に社会に普及していきました。すると、人々はブラウン管ディスプレイの画面を見ながらの作業に対し、「目が疲れる」と感じるようになりました。そこで、それが本当なのかどうか、作業中の目の疲れを客観的に計測する装置を開発してみたいと思うようになりました。これは世界初の試みで、当時はかなり画期的な研究だったかと思います。

まず計測装置として、みなさんが眼鏡を作るときに使う、ぼけた映像とはっきりした映像が切り替わって見える、視力検査機器（オートリフラクトメータ）という装置を使いました。この装置は、赤外線の二つのビームを眼のなかに入れることで、眼球の焦点調節量を測定するものです。

目の疲労による症状のなかで、客観的なデータを計測できそうなものとして、物体がぼけて見える点に注目し、その度合いが分かる焦点調節量の応答特性を測れば、何らかの工夫で疲れの指標が導けそうだと思ったのです。

ただ、眼鏡を作るときの測定のように、対象が静止していれば何の問題もないのですが、今回の目的は作業中の目の疲れの計測ですから、作業中に眼がキョロキョロと動くような状態で、眼の焦点調節量を自動測定することが必要になります。これをどう実現するかが最大の課題でした（図1、図2）。

【図1】焦点調節量の測定状態（従来）

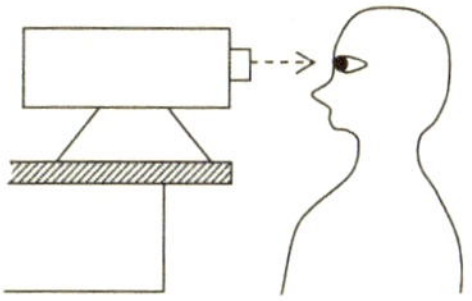

視線方向は測定装置の光軸方向に固定して測る

【図2】眼球運動中でも測定するためには、常に視線方向から測定光を投光する必要がある

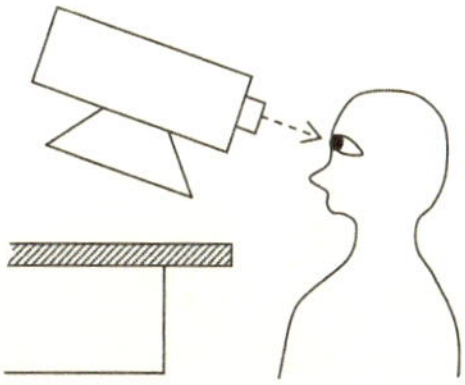

被測定者が眼球運動中でも視線方向に装置の光軸を合わせて連続測定可能とする（要求仕様）

課題の解決に当たり、まず私は通常の光の進行状況を図3の（a）のようにX_0面を光が自由に通過しているものと考えました。

次に、その上で、図3の（b）のように図3の（a）におけるX_0面の入射部《にゅうしゃ》をX_1面、射出部《しゃしゅつ》をY_1面とし、空間が離れても、X_1面、Y_1面において光学面が保たれるような光学系を想定しました。

そして、図3の（b）におけるY_1面が外点の点Cの周りに回転（揺動）するような光学系であれば、眼球が運動しても、常に視線方向から測定光が眼球に入射することになるだろうと思い、私は、これであれば自分が直面している課題が解決できると確信しました。

この想定によって、私の関心課題は「どうすれば図3の（c）の光学系が作れるのか」に変わることとなりました。

まず、図3の（b）のように空間が離れても、光学面が保たれる機能を持つ光学系は、図4のようなリレー（中継）レンズ系です。上下左右は反転しますが、

【図3】眼球運動を許容する推測に必要な光軸可変なインタフェースの仕様解説図

(a) 光がX面を自由に通過している状態

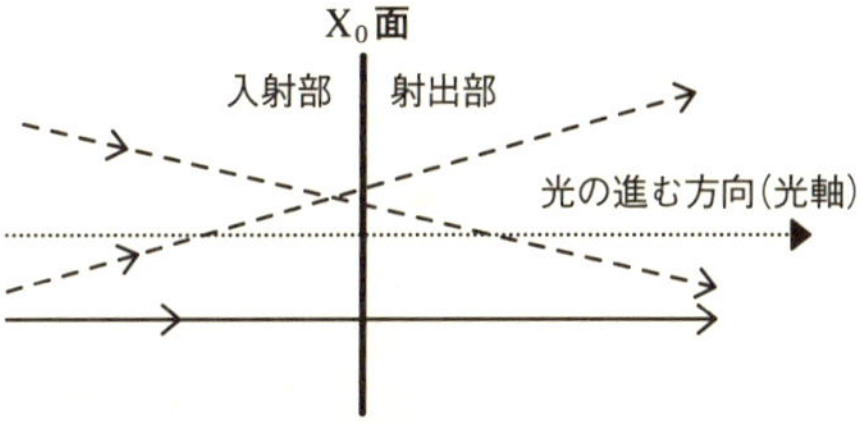

(b) 射出部のY面を空間的に移動し、
同時に光線も位置・方向を保ったまま、移動した光学系

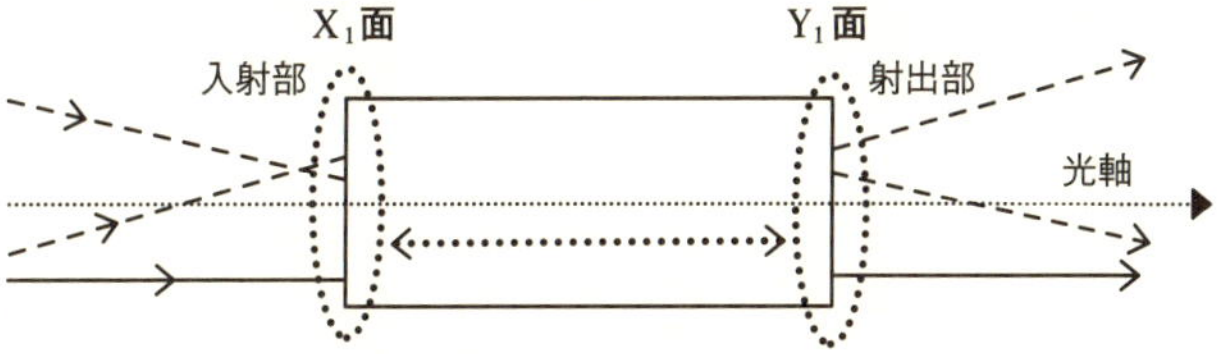

(c) 射出部が外部の点Cの周りに回転(揺動)する光学系

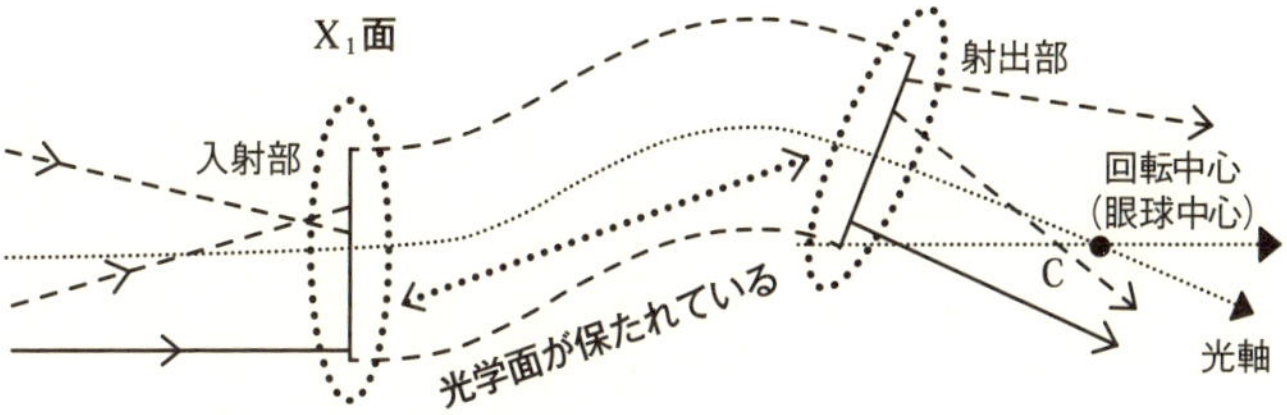

眼の焦点調節量を測定する目的であれば、上下反転していても問題ないので、リレーレンズ系を採用することにしました。

その後、揺動鏡《ようどうきょう》（ガルバノミラー）で光軸《こうじく》の方向を変化させれば、射出面位置が回転中心となるように光軸を動かすことが可能になることが分かり、図5のようにリレーレンズ系の入射面に小さな揺動鏡を設置することにしました。眼球運動を検出して、揺動鏡を制御すれば、常に視線方向から測定光を眼球正面に照射することができます。眼球は2次元方向に回転するので、二つの揺動鏡を挿入して制御することになります。これでようやく装置の設計の見通しを立てることができました。

さらに、レンズでは光軸の回転角を大きく取れないため、凸《とつ》レンズの代わりに凹《おう》面鏡を使って実用化しました。製作した光学システムの写真を図6に示します。これは世界で初めて眼球運動と焦点調節量を同時計測できる装置となり、さまざまな新しい知見を得ることができました。

【図4】基本リレーレンズ系

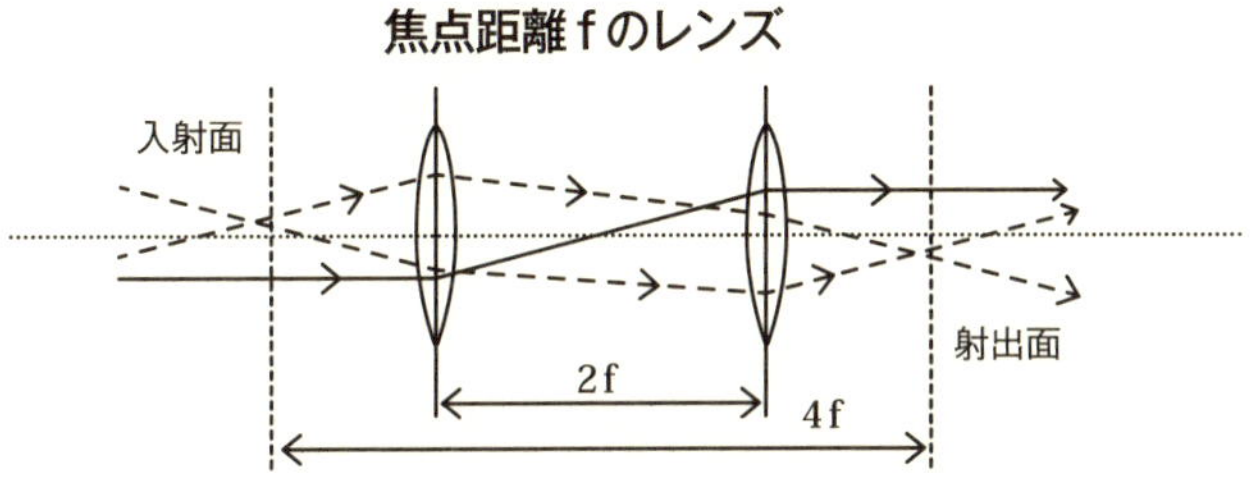

入射部での光の進行状態を保ったまま、射出部から出ている
（但し、上下左右が反転している）

【図5】光軸を回転移動させる系

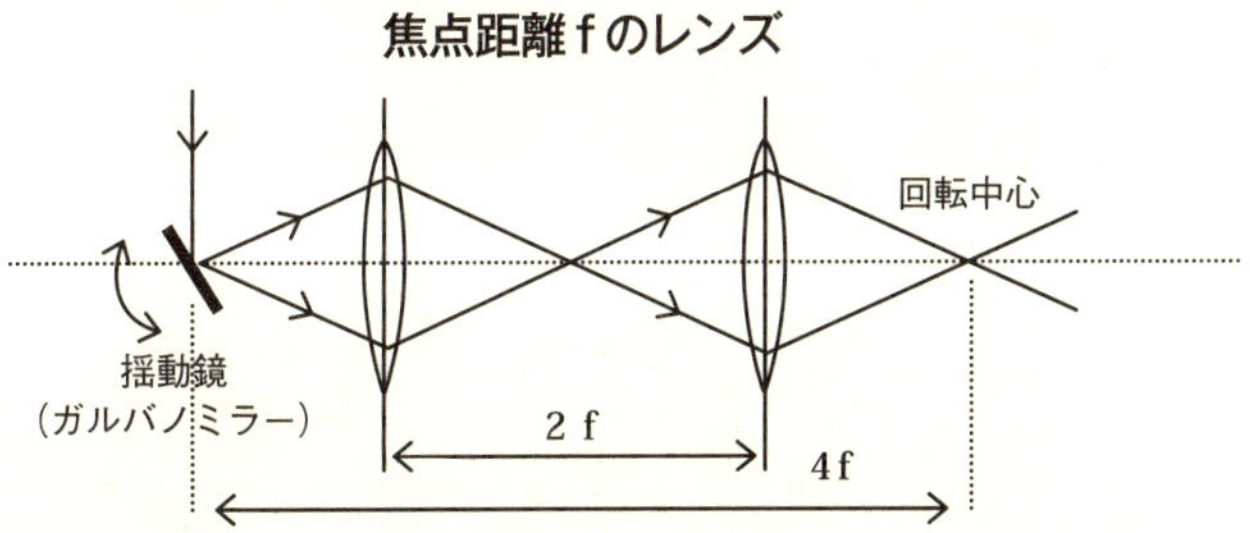

【図6】光軸制御型リレー光学系

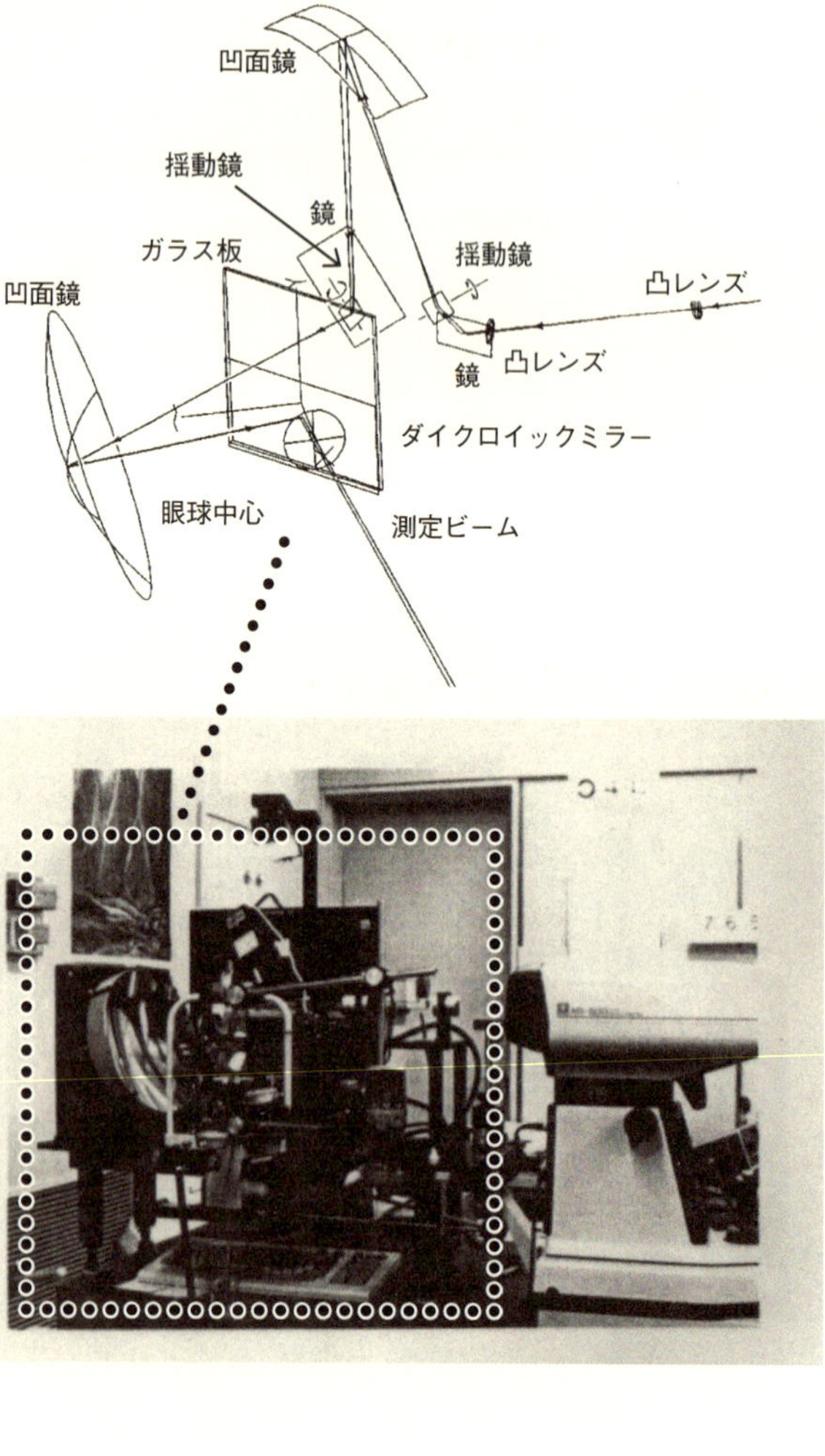

人間の力覚に錯覚を与える装置を開発
――ジャイロキューブの研究

筑波大学教授時代には、「ジャイロキューブ」という装置を開発しました。この研究を始めた経緯は、筑波大学のゼミ学生の卒業研究のテーマについて話をしていたときに、「バーチャルリアリティで力を感じるものを作りたい」という希望が学生から出たのが始まりです。

卒業研究について具体的なテーマを考えていたある日、私は共同研究先の研究者と雑談をしていました。地球ゴマ（注1）のジャイロ効果（注2）が話題となり、回転する軸を動かすと、手に別の方向の回転力（トルク）がかかるという話になりました。そのときに、その研究者がふと「トルクを発生させるためには、角運動量の変化さえあればよいのだから、コマを回転させなくてもできるんだよね」

と言ったのです。それを聞いていて、ジャイロキューブのアイデアが閃《ひらめ》きました。

ジャイロキューブは、モーターの回転力を使って、人間に力覚の錯覚を与える装置です。

電気掃除機は、スイッチを入れた瞬間に、モーターが動いて振動をします。このときに発生する回転力が、ジャイロキューブの出力と言えます。その振動の力を装置内にためておいて、意図的に小出しにすることができれば、人間にイリュージョン効果を与えることができるのです。

人間の感覚特性を利用することで、手に持ったジャイロキューブが重くなったり、軽くなったり、ついには、浮き上がって感じられ、イリュージョン効果を発揮します。

モーター一つでは、一方向の力しか出せま

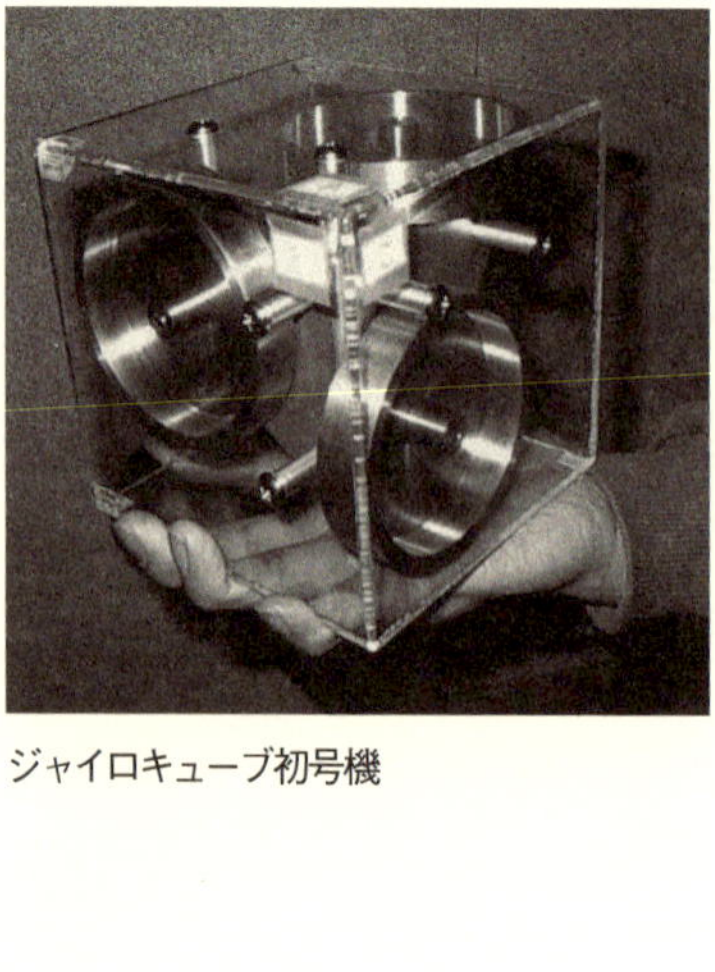

ジャイロキューブ初号機

せんが、三つのモーターを使うことで、任意の方向の力を出せるようになり、また、三つのモーターの回転数をタイミングよく調整することで、引っ張られるような感覚を生じさせることも可能です。

この技術は特許を取得することができました。今では親指の爪程度の大きさになり、来年度にベンチャー企業から市販される予定です。

この技術は、力覚を介した視覚障害者歩行誘導や、手術シミュレータなどにも応用ができます。さらにゲーム機や携帯電話まで、原理的にはさまざまに使うことができるため、今後の活用が期待できます。

なお、携帯電話に搭載すれば、ナビと連携させることで、どちらに行けばよいかを、力覚感覚を持って、案内することができるようになります。

大変注目されてはいますが、バッテリーの消耗が激しい点が目下の課題となっている状況です。

将来は、携帯電話が力覚を介して、ナビをする時代が来るでしょう。

遠隔地の授業がリアル授業と変わらない臨場感で実現
——JAXAとKDDIの技術による3地点同時送受信遠隔授業システム

最後に、日本、タイ、マレーシアの三つの大学間で行った、大学の双方向遠隔授業システムの実験を紹介します。

日本の大学とタイ、マレーシアの大学のいずれかの場所で講義をしている様子を、ほかの2カ所に同時に動画配信を行い、時間の遅れをまったく感じないほどの高品質の通信技術で、遠隔での質問のやり取りまで可能な環境を、実現するというものです。これは、JAXA（宇宙航空研究開発機構）が2008年度に打ち上げた衛星超高速インターネット衛星「きずな」とKDDIの技術を使った実験です。

この実験の意義としては、うまく通信が成功するかが目的の半分。もう半分の目的は、授業として成り立つ臨場感が出せるか、リアルの授業と変わらないくらいの品質で、授業が成り立つかを確かめるものでした。

ただ、日本は非常に設備の品質が良くて、ハイビジョンの高画質で見ていたのですが、タイやマレーシアは設備があまり充実していなくて、普通のモニター解像度の画質で見ていましたので、そもそも環境が違い、比較ができませんでした。

日本の大学で海外の授業が配信されてくる動画を見ましたが、日本で見る限りは、隣の部屋でやっているのかと思うくらいに、クリアに見ることができました。それによって、高解像度のプロジェクタを使って広い視野範囲をカバーするスクリーンに投影して表示すれば、かなりの臨場感が出るということが分かりました。

課題としては、画像の品質は安定していますが、音声の通信が安定するのは2カ所までで、3カ所となると、調整が非常に難しくなることが分かりました。

しかし、それらは特殊なときであり、全般的には、学生がマイクなしで質問しても、それがクリアに相手側に伝わって、相手側の声も、スピーカーから出てきているのですが、画面のなかで言っているように、非常にリアルに伝わるので、基本的にはすごい技術でした。

細かい問題はありましたが、それを全部クリアすることができれば、時差の問題はあるにせよ、地球は本当に一つになって、どこでも〝リアル〟なバーチャル授業ができるようになるでしょう。

日本のようにインターネット網が整備されている地域では、テレビ会議などの双方向遠隔通信は、今日当然のものとなってきつつありますが、この研究はインターネット網が整備されていない地域にも、衛星経由で高速のインターネット環境が実現できる技術として、今後の活用が期待されています。

（注1）ジャイロ効果を利用したコマ。高速で回転している間は、外部から力が加えられない限り、回転軸は一定に保たれる。手で回転する軸を動かそうとすると、手に反対方向の回転力（トルク）が発生する。

（注2）物体が自転運動をしているとき、回転が高速であるほど、姿勢を乱されにくくなる現象を言う。地球ゴマの原理である。

あとがき

私は数というものを覚え、手の指を折って数えた自然数から始まって、整数、分数、小数と、数の記述できる範囲を拡張していき、ついには数直線を隙間なく埋め尽くす実数という概念にたどり着いたことを学びました。

これで数は完全になった、万能になったと思った矢先に、実数ばかりでなく、虚数単位《きょすう》の i を新たに含む複素数《ふくそすう》というものがあることを学んでびっくり仰天しました。

虚数なんてインチキだ、小難しい数学をさらに難しくさせようと意地悪な暇人《ひまじん》が考えた戯言《たわごと》に過ぎないのではないか、と一瞬思いました。しかし、複素数を勉強してゆくと、これが実数以上に包容力があり、たとえば今まで計算できなかった、数直線上の積分も、複素数の平面内をたどることで容易に計算できる等、複素数で考えることで理解できる範囲が格段に広がり、学びも一気に進みました。

私は、この世と、あの世を含む実在世界とは、おおまかに言えば、実数と複素数の関係に似ているのではないかと思っています。この世だけの知識では、理解が困難な事象でも、実在世界の知識を導入すれば、容易に理解できることが数多くあります。

人はなぜ生きるのか、人生の目的がつかめない場合でも、実在世界の勉強をすれば、生きがいを容易に見つけ、使命を悟ることができます。殺人がなぜ悪いのか、子供にも納得できるように説明することができます。実在界の真実の姿を明らかにする大川総裁の仏法真理は、人生のさまざまな場面での問題を解く鍵が満載されている宝の山なのです。

私は、複素数のような新しい視点を持って世界の理解を格段に広げられるような、新しい分野を切り拓《ひら》いてゆける夢の大学に、幸福の科学大学を育てていきたいと考えています。そうした斬新な発想のなかから、未来の文明が拓かれ、人類の真なる幸福が実現されてゆくものと確信しています。

本書の出版に際しては、大川隆法・幸福の科学グループ創始者兼総裁のご指導の下、多くの方々の甚大なるお力添えを賜ったことに、深く感謝を申し上げる次第です。

２０１４年10月３日

幸福の科学大学学長（就任予定）　福井幸男

福井幸男　研究実績

◆論文

1．本田真望，加藤伸子，福井幸男，西原清一：〝地形を考慮したLシステムに基づく仮想都市のための道路網の生成〟，日本バーチャルリアリティ学会論文誌，6, 4, 229-304, 2001

2．仲田謙太郎，中村則雄，山下樹里，西原清一，福井幸男：〝角運動量変化を利用した力覚提示デバイス〟，日本バーチャルリアリティ学会論文誌，6, 2, 115-120, 2001

3．山下樹里，福井幸男，森川治，佐藤滋：〝接平面近似円筒面の力覚補間呈示における「なめらかさ」〟，日本バーチャルリアリティ学会論文誌，6, 1, 3-9, 2001

4．森川治，山下樹里，福井幸男，佐藤滋：〝ビデオ対話における映像精度の視線認識への影響――映像精度が高い程良い訳ではない――〟，日本バーチャルリアリティ学会論文誌，6, 1, 11-17, 2001

5. 山内康司, 山下樹里, 持丸正明, 森川治, 福井幸男, 横山和則："「記憶する内視鏡」による内視鏡視野の疑似広角化〟, 日本コンピュータ外科学会誌, 2, 2, 62-68, 2000, (2001 年度学会賞受賞)
6. 森川治, 福井幸男, 山下樹里, 佐藤滋："人に優しい超鏡対話における指差し行為〟, 情報処理学会論文誌, 41, 5, 1290-1297, 2000
7. 山下樹里, 福井幸男, 森川治, 佐藤滋："点接触型力覚呈示装置による変位情報に基づいた平面形状知覚特性〟, 情報処理学会論文誌, 41, 5, 1298-1307, 2000
8. 森川治, 福井幸男, 山下樹里, 持丸正明, 山内康司："認知モデルに基づいた情報提示方法発見の新原理〟, 日本バーチャルリアリティ学会論文誌, 4, 1, 339-346, 1999
9. 武田常広, 橋本佳三, 比留間伸行, 福井幸男："Characteristics of accommodation toward apparent depth", Vision Research, Vol.39, 2087-2097, 1999
10. J. Yamashita, Y. Yamauchi, M. Mochimaru, Y. Fukui, and K. Yokoyama: "Real-Time 3-D Model-Based Navigation System for Endoscopic Paranasal Sinus Surgery", IEEE

Trans. Biomedical Engineering, 46, 1, 107-116, 1999

11. M. Shimojo, M. Shinohara, and Y. Fukui: "Human Shape Recognition Performance for 3-D Tactile Display", IEEE Trans. Systems, Man, and Cybernetics Part A, 29,6, 637-644, 1999

12. 山内康司, 山下樹里, 持丸正明, 福井幸男, 横山和則：〝内視鏡下副鼻腔手術のためのナビゲーションシステムにおける操作性の比較評価〟，日本バーチャルリアリティ学会論文誌, 3, 4, 221-227, 1998

13. M. Shimojo, M. Shinohara, and Y. Fukui: "Shape Identification Performance and Pin-Matrix Density in a Three-dimensional Tactile Display", Systems and Computers in Japan, 29, 2, 1-8, 1998

14. 持丸正明, 山内康司, 山下樹里, 福井幸男, 横山和則：〝Ｂ·ｉＶＩＳ式立体内視鏡および２Ｄ, ３Ｄ内視鏡の立体視特性比較〟，日本バーチャルリアリティ学会論文誌, 3, 4, 207-212, 1998

15. 蔡奕，福井幸男，山下樹里，下条誠：〝広範囲操作力対応型力覚インタフェース：6DFMシステム〟，日本バーチャルリアリティ学会論文誌，3, 3, 65-74, 1998

16. Y. Fukui, M. Shimojo, and J. Yamashita: "Recognition by Inconsistent Information from Visual and Haptic Interface", J. Robotics and Mechatronics, 9, 3, 208-212, 1997

17. 持丸正明，河内まき子，福井幸男，堤江美子：〝FFD法による形態間距離に基づく足部三次元形態の特徴分類〟，人間工学，33, 4, 229-234, 1997

18. 下条誠，篠原正美，福井幸男：〝3次元触覚ディスプレイにおける提示ピン配置密度と形状判別特性〟，電子情報通信学会論文誌，Vol.J80-D-II, 5, 1202-1208, 1997

19. 横井浩史，福井幸男，山下樹里，下条誠：〝6軸直交型ロボットを用いたフォースフィードバックに関する基礎研究〟，日本機械学会論文誌 C,63 (605), 204-210, 1997

20. T. Takeda, Y. Fukui, K. Hashimoto and N. Hiruma: "Three-dimensional Visual Stimulator", Applied Optics, 34, 4, 732-738, 1995

21. 山下樹里，福井幸男，横井浩史，下条誠：〝3D-DDM：三次元 B-Spline 自由曲面の直接

変形手法〟，電気学会論文誌 C,115, 2, 253-260, 1995

◆著書

『人工現実感の展開』藤本英雄編著，87 - 98ページ，コロナ社，全239ページ，1994

◆特許　※（　）内は申請中のもの

国内特許　43件（2件）

国外特許　4件（1件）

主要な特許の内容

方向および位置可変形リレー光学系　特許番号2716725（第50回注目発明選定）

コンピュータ支援設計システム　特許番号1895951（第53回注目発明選定）

無拘束3次元オプトメータ　特許番号1740017（第53回注目発明選定）

眼球屈折力測定装置　特許番号１４９７７０１（第47回注目発明選定）

◆受賞歴・表彰歴

２００１年　２００１年度日本コンピュータ外科学会賞

１９９７年　Best Paper Award, ROMAN '96 (Int. Workshop Robotics and Human Communication)

１９９５年　財団法人精密測定技術振興財団「高城賞」

参考文献

第1章

大川隆法．（1999）．悟りに到る道．幸福の科学出版．

――――．（1990）．真理の発見．幸福の科学出版．

――――．（2013）．教育の使命．幸福の科学出版．

――――．（2014）．もし湯川秀樹博士が幸福の科学大学「未来産業学部長」だったら何と答えるか．幸福の科学出版．

――――．（2002）．幸福の原点．幸福の科学出版．

カント．（1961）．純粋理性批判（上）．（篠田英雄　訳）．岩波文庫．

カント．（1961）．純粋理性批判（中）．（篠田英雄　訳）．岩波文庫．

山本俊政＋嶋村茂治他．（2010）．未来はこうなる！．幸福の科学出版．

家戸敬太郎他．（2013）．近畿大学における世界初クロマグロの完全養殖達成とその産業化について．和歌山社会経済研究所．

日本放送協会．（1992）．肉声できく昭和の証言宗教・思想家・文化人5 南原繁・矢内原忠雄．NHKサービスセンター．

第2章

大川隆法．（2014）．神秘学要論．幸福の科学出版．

新村出編．（2008）．広辞苑 第六版．岩波書店．

エックルス，ジョン・C．（1990）．脳の進化．（伊藤正男 訳）．東京大学出版会．

第3章

大川隆法．（2005）．神秘の法．幸福の科学出版．

――――．（2013）．トーマス・エジソンの未来科学リーディング．幸福の科学出版．

ナーイン，ポール・J．（2008）．オイラー博士の素敵な数式．（小山信也 訳）．日本評論社．

谷川多佳子．（２００２）．デカルト『方法序説』を読む．岩波書店．

坂本賢三．（２００８）．科学思想史．岩波全書セレクション．

ユング．（１９７７）．無意識の心理．（高橋義孝　訳）人文書院．

モンロー，ロバート．（２００７）．ロバート・モンロー「体外への旅」．（坂本政道　監訳）．（川上友子　訳）．ハート出版．

ランドール，リサ．（２００７）．ワープする宇宙．（向山信治＋塩原通緒　訳）．ＮＨＫ出版．

フィッシャー，レン．（２００５）．魂の重さの量り方．（林一　訳）．新潮社．

Michael S. Morris, Kip S. Thorne, and Ulvi Yurtsever. (1988). Wormholes, Time Machines, and the Weak Energy Condition. Physical Review Letters, Vol 61.

著者＝ **福井幸男**（ふくい・ゆきお）

1950年生まれ。福岡県出身。1985年東京大学大学院工学系研究科機械工学専門課程（修士課程）修了。博士（工学）。大手総合電機メーカーや通商産業省工業技術院製品科学研究所研究員、同省生命工学工業技術研究所主任研究官を経て、1998年からは筑波大学教授電子・情報工学系、同大学大学院システム情報工学研究科コンピュータサイエンス専攻教授、同大学システム情報系教授を歴任。2014年、筑波大学名誉教授となる。主な研究分野は情報工学で、コンピュータグラフィクスやバーチャルリアリティ技術等を専門とする。幸福の科学大学学長に就任予定。

「未知」への挑戦
―幸福の科学大学が拓く新しい夢―

2014年 10月 20日　初版第1刷

著　者　福井 幸男
発行者　本地川 瑞祥
発行所　幸福の科学出版株式会社
〒107-0052　東京都港区赤坂2丁目10番14号
TEL（03）5573-7700
http://www.irhpress.co.jp/

印刷・製本　株式会社 堀内印刷所

落丁・乱丁本はおとりかえいたします

ISBN978-4-86395-570-7 C0037

写真 ：© Joyce-Fotolia.com

大川隆法ベストセラーズ・未来を創る学問とは

「人間幸福学」とは何か

人類の幸福を探究する新学問

「人間の幸福」という観点から、あらゆる学問を再検証し、再構築する――。数千年の未来に向けて開かれていく学問の源流がここにある。

1,500円

「経営成功学」とは何か

百戦百勝の新しい経営学

経営者を育てない日本の経営学に、アメリカをダメにしたMBA? ――幸福の科学大学の「経営成功学」に託された経営哲学のニュー・フロンティアとは。

1,500円

「未来産業学」とは何か

未来文明の源流を創造する

新しい産業への挑戦――「ありえない」を、「ありうる」に変える! 未来文明の源流となる分野を研究し、人類の進化とユートピア建設を目指す。

1,500円

大川隆法ベストセラーズ・未来産業を考える

もし湯川秀樹博士が 幸福の科学大学「未来産業学部長」だったら何と答えるか

食糧難、エネルギー問題、戦争の危機……。21世紀の人類の課題解決のための「異次元アイデア」が満載！　未来産業はここから始まる。

1,500円

未来にどんな発明があるとよいか

未来産業を生み出す「発想力」

日常の便利グッズから宇宙時代の発明まで、「未来のニーズ」をカタチにするアイデアの数々。その実用性と可能性を分かりやすく解説する。

1,500円

トーマス・エジソンの未来科学リーディング

タイムマシン、ワープ技術、UFOの秘密に迫る、天才発明家の異次元発想が満載！　未来科学を解き明かす鍵は、スピリチュアルな世界にある。

1,500円

大川隆法ベストセラーズ・幸福の科学「大学シリーズ」

イノベーション経営の秘訣

ドラッカー経営学の急所

わずか20数年で世界100カ国以上に信者を持つ宗教組織をつくり上げた著者が、20世紀を代表する知的巨人・ドラッカーの経営思想の勘所を説き明かす。

1,500円

危機突破の社長学

一倉定の「厳しさの経営学」入門

経営の成功とは、鍛え抜かれた厳しさのなかにある。生前、5000社を超える企業を立て直した、名経営コンサルタントの社長指南の真髄がここに。

1,500円

「比較幸福学」入門

知的生活という名の幸福

ヒルティ、アラン、ラッセル、エピクテトス、マルクス・アウレリウス、カント——知的生活を生きた彼らの思想を比較分析し、「幸福」を探究する。

1,500円

幸福の科学出版

元社会党委員長・土井たか子の霊言

死後 12 日目の緊急インタビュー

憲政史上初の女性衆議院議長は、死後どうなっているのか⁉ 平等な国家を目指す社会主義は、なぜ間違っているのか。政治家、憲法学者、ジャーナリスト必読の書。

1,400円

広島大水害と御嶽山噴火に天意はあるか

たて続けに起きた２つの災害には、どのような霊的背景があったのか？　原爆投下や竹島問題、歴史認識問題等とつながる衝撃の真相が明らかに！

1,400円

本当に心は脳の作用か？

立花隆の「臨死体験」と「死後の世界観」を探る

「脳死」や「臨死体験」を研究し続けてきた立花隆氏の守護霊に本音をインタビュー！　現代のインテリが陥りやすい問題点が分かる。

1,400円

※表示価格は本体価格（税別）です。

新しき大学とミッション経営

出版不況のなか、２年間で売上５割増、経常利益2.7倍を成し遂げた著者が語るミッション経営の極意。経営を成功させるための「心」の使い方を明かす。

1,200円

幸福の科学大学の目指すもの

ザ・フロンティア・スピリット

既存の大学に対する学生の素朴な疑問、経営成功学部とＭＢＡの違い、学問の奥にある「神の発明」など、学問の常識を新しくする論点が満載。

1,200円

大学教育における信仰の役割

宗教教育だからこそ、努力を惜しまない有用な人材を育てることができる。著者と４人の学生が、未来を拓く教育について熱く議論を交わした座談会を収録。

1,200円

※表示価格は本体価格(税別)です。

知的幸福整理学

「幸福とは何か」を考える

世界的に流行りを見せる「幸福論」を概観し、膨大な「幸福学」を一冊でざっくり整理。最終結論としての幸福の方法論を示す。

1,200円

比較幸福学の基本論点

偉人たちの「幸福論」を学ぶ

「幸福論」シリーズ（ソクラテス、キリスト、ヒルティ、アラン、孔子、ムハンマド、釈尊）を一気に解説し、偉人たちの「幸福論」を深く理解するための“ガイドブック”。

1,200円

人間とは何か

幸福の科学教学の新しい地平

哲学、心理学、生物学の博士らとの対談を通じ、最先端の学問的研究から、唯物論、進化論の矛盾を明確化。人間機械論の迷妄を打ち砕き、新しい「人間の定義」を示す。

1,200円

Noblesse《ノーブレス》 Oblige《オブリージ》

「高貴なる義務」を果たす、
「真のエリート」を目指せ。

幸福の科学学園
中学校・高等学校（那須本校）

Happy Science Academy Junior and Senior High School

「私は、
教育が人間を創ると
信じている一人である。
若い人たちに、
夢とロマンと、精進、
勇気の大切さを伝えたい。
この国を、全世界を、
ユートピアに変えていく力を
出してもらいたいのだ。」
（幸福の科学学園 創立記念碑より）

幸福の科学学園 創立者
大川隆法

幸福の科学学園（那須本校）は、幸福の科学の教育理念のもとにつくられた、男女共学、全寮制の中学校・高等学校です。自由闊達な校風のもと、「高度な知性」と「徳育」を融合させ、社会に貢献するリーダーの養成を目指しており、2014年4月には開校四周年を迎えました。

Noblesse《ノーブレス》 Oblige《オブリージ》

「高貴なる義務」を果たす、
「真のエリート」を目指せ。

2013年 春 開校

幸福の科学学園 関西中学校・高等学校

Happy Science Academy
Kansai Junior and Senior High School

私は日本に
真のエリート校を創り、
世界の模範としたい
という気概に満ちている。
『幸福の科学学園』は、
私の『希望』であり、
『宝』でもある。
世界を変えていく、
多才かつ多彩な人材が、
今後、数限りなく
輩出されていくことだろう。
（幸福の科学学園関西校 創立記念碑より）

幸福の科学学園 創立者
大川隆法

滋賀県大津市、美しい琵琶湖の西岸に建つ幸福の科学学園（関西校）は、男女共学、通学も入寮も可能な中学校・高等学校です。発展・繁栄を校風とし、宗教教育や企業家教育を通して、学力と企業家精神、徳力を備えた、未来の世界に責任を持つ「世界のリーダー」を輩出することを目指しています。

幸福の科学学園・教育の特色

「徳ある英才」の創造

教科「宗教」で真理を学び、行事や部活動、寮を含めた学校生活全体で実修して、ノーブレス・オブリージ（高貴なる義務）を果たす「徳ある英才」を育てていきます。

天分を伸ばす「創造性教育」

教科「探究創造」で、偉人学習に力を入れると共に、日本文化や国際コミュニケーションなどの教養教育を施すことで、各自が自分の使命・理想像を発見できるよう導きます。さらに高大連携教育で、知識のみならず、知識の応用能力も磨き、企業家精神も養成します。芸術面にも力を入れます。

一人ひとりの進度に合わせた「きめ細やかな進学指導」

熱意溢れる上質の授業をベースに、一人ひとりの強みと弱みを分析して対策を立てます。強みを伸ばす「特別講習」や、弱点を分かるところまでさかのぼって克服する「補講」や「個別指導」で、第一志望に合格する進学指導を実現します。

自立心と友情を育てる「寮制」

寮は、真なる自立を促し、信じ合える仲間をつくる場です。親元を離れ、団体生活を送ることで、縦・横の関係を学び、力強い自立心と友情、社会性を養います。

幸福の科学学園の進学指導

1 英数先行型授業

受験に大切な英語と数学を特に重視。「わかる」(解法理解)まで教え、「できる」(解法応用)、「点がとれる」(スピード訓練)まで繰り返し演習しながら、高校三年間の内容を高校二年までにマスター。高校二年からの文理別科目も余裕で仕上げられる効率的学習設計です。

2 習熟度別授業

英語・数学は、中学一年から習熟度別クラス編成による授業を実施。生徒のレベルに応じてきめ細やかに指導します。各教科ごとに作成された学習計画と、合格までのロードマップに基づいて、大学受験に向けた学力強化を図ります。

3 基礎力強化の補講と個別指導

基礎レベルの強化が必要な生徒には、放課後や夕食後の時間に、英数中心の補講を実施。特に数学においては、授業の中で行われる確認テストで合格に満たない場合は、できるまで徹底した補講を行います。さらに、カフェテリアなどでの質疑対応の形で個別指導も行います。

4 特別講習

夏期・冬期の休業中には、中学一年から高校二年まで、特別講習を実施。中学生は国・数・英の三教科を中心に、高校一年からは五教科でそれぞれ実力別に分けた講座を開講し、実力養成を図ります。高校二年からは、春期講習会も実施し、大学受験に向けて、より強化します。

5 幸福の科学大学(仮称・設置認可申請中)への進学

二〇一五年四月開学予定の幸福の科学大学への進学を目指す生徒を対象に、推薦制度を設ける予定です。留学用英語や専門基礎の先取りなど、社会で役立つ学問の基礎を指導します。

授業の様子

詳しい内容、パンフレット、募集要項のお申し込みは下記まで。

幸福の科学学園 関西中学校・高等学校

〒520-0248
滋賀県大津市仰木の里東2-16-1
TEL.077-573-7774
FAX.077-573-7775
[公式サイト]
www.kansai.happy-science.ac.jp
[お問い合わせ]
info-kansai@happy-science.ac.jp

幸福の科学学園 中学校・高等学校

〒329-3434
栃木県那須郡那須町梁瀬 487-1
TEL.0287-75-7777
FAX.0287-75-7779
[公式サイト]
www.happy-science.ac.jp
[お問い合わせ]
info-js@happy-science.ac.jp

仏法真理塾

サクセスNo.1

未来の菩薩を育て、仏国土ユートピアを目指す！

仏法真理塾「サクセスNo.1」とは

宗教法人幸福の科学による信仰教育の機関です。信仰教育・徳育にウエイトを置きつつ、将来、社会人として活躍するための学力養成にも力を注いでいます。

サクセスNo.1 東京本校（戸越精舎内）

「サクセスNo.1」のねらいには、「仏法真理と子どもの教育面での成長とを一体化させる」ということが根本にあるのです。

大川隆法総裁　御法話『サクセスNo.1』の精神」より

仏法真理塾「サクセスNo.1」の教育について

信仰教育が育む健全な心

御法話拝聴や祈願、経典の学習会などを通して、仏の子としての「正しい心」を学びます。

学業修行で学力を伸ばす

忍耐力や集中力、克己心を磨き、努力によって道を拓く喜びを体得します。

法友との交流で友情を築く

塾生同士の交流も活発です。お互いに信仰の価値観を共有するなかで、深い友情が育まれます。

●サクセスNo.1は全国に、本校・拠点・支部校を展開しています。

東京本校 TEL.03-5750-0747 FAX.03-5750-0737	高松本校 TEL.087-811-2775 FAX.087-821-9177
名古屋本校 TEL.052-930-6389 FAX.052-930-6390	沖縄本校 TEL.098-917-0472 FAX.098-917-0473
大阪本校 TEL.06-6271-7787 FAX.06-6271-7831	広島拠点 TEL.090-4913-7771 FAX.082-533-7733
京滋本校 TEL.075-694-1777 FAX.075-661-8864	岡山本校 TEL.086-207-2070 FAX.086-207-2033
神戸本校 TEL.078-381-6227 FAX.078-381-6228	北陸拠点 TEL.080-3460-3754 FAX.076-464-1341
西東京本校 TEL.042-643-0722 FAX.042-643-0723	大宮本校 TEL.048-778-9047 FAX.048-778-9047
札幌本校 TEL.011-768-7734 FAX.011-768-7738	仙台拠点 TEL.090-9808-3061 FAX.022-781-5534
福岡本校 TEL.092-732-7200 FAX.092-732-7110	熊本拠点 TEL.080-9658-8012 FAX.096-213-4747
宇都宮本校 TEL.028-611-4780 FAX.028-611-4781	

全国支部校のお問い合わせは、サクセスNo.1東京本校（TEL. 03-5750-0747）まで。

メール info@success.irh.jp

エンゼルプランV

信仰教育をベースに、知育や創造活動も行っています。

信仰に基づいて、幼児の心を豊かに育む情操教育を行っています。また、知育や創造活動を通して、ひとりひとりの子どもの個性を大切に伸ばします。お母さんたちの心の交流の場ともなっています。

TEL 03-5750-0757　FAX 03-5750-0767
メール angel-plan-v@kofuku-no-kagaku.or.jp

ネバー・マインド

不登校の子どもたちを支援するスクール。

「ネバー・マインド」とは、幸福の科学グループの不登校児支援スクールです。「信仰教育」と「学業支援」「体力増強」を柱に、合宿をはじめとするさまざまなプログラムで、再登校へのチャレンジと、進路先の受験対策指導、生活リズムの改善、心の通う仲間づくりを応援します。

TEL 03-5750-1741　FAX 03-5750-0734
メール nevermind@happy-science.org

ユー・アー・エンゼル!(あなたは天使!)運動

障害児の不安や悩みに取り組み、ご両親を励まし、勇気づける、障害児支援のボランティア運動です。学生や経験豊富なボランティアを中心に、全国各地で、障害児向けの信仰教育を行っています。保護者向けには、交流会や、医療者・特別支援教育者による勉強会、メール相談を行っています。

TEL 03-5750-1741　FAX 03-5750-0734
メール you-are-angel@happy-science.org

シニア・プラン21

生涯反省で人生を再生・新生し、希望に満ちた生涯現役人生を生きる仏法真理道場です。週1回、開催される研修には、年齢を問わず、多くの方が参加しています。現在、全国8カ所(東京、名古屋、大阪、福岡、新潟、仙台、札幌、千葉)で開校中です。

東京校 TEL 03-6384-0778　FAX 03-6384-0779
メール senior-plan@kofuku-no-kagaku.or.jp